改革开放进程中的经济学家学术自传

张卓元　高培勇　主编

魏礼群学术自传

魏礼群◎著

ACADEMIC AUTOBIOGRAPHY OF WEI LIQUN

SPM
南方出版传媒
广东经济出版社
·广州·

图书在版编目（CIP）数据

魏礼群学术自传 / 魏礼群著. —广州：广东经济出版社，2019.10
（改革开放进程中的经济学家学术自传）
ISBN 978-7-5454-6762-8

Ⅰ.①魏… Ⅱ.①魏… Ⅲ.①魏礼群—自传 ②经济学—文集 Ⅳ.①K825.3 ②F-53

中国版本图书馆CIP数据核字（2019）第141262号

出 版 人：李 鹏
责任编辑：程梦菲
责任校对：黄思健
责任技编：陆俊帆

魏礼群学术自传
WEILIQUN XUESHU ZIZHUAN
魏礼群 著

出版发行	广东经济出版社（广州市环市东路水荫路11号11—12楼）
经销	全国新华书店
印刷	恒美印务（广州）有限公司 （广州市南沙经济技术开发区环市大道南路334号）
开本	787毫米×1092毫米 1/16
印张	18
字数	180千字
版次	2019年10月第1版
印次	2019年10月第1次
书号	ISBN 978-7-5454-6762-8
定价	98.00元

广东经济出版社网址：http://www.gebook.com 微博：http://e.weibo.com/gebook
图书营销中心地址：广州市环市东路水荫路11号11楼
电话:(020)87393830 邮政编码:510075
如发现印装质量问题，影响阅读，请与承印厂联系调换
广东经济出版社常年法律顾问:胡志海律师

《改革开放进程中的经济学家学术自传》丛书分册名录

（按姓氏音序排列）

1.《白重恩学术自传》
2.《蔡昉学术自传》
3.《常修泽学术自传》
4.《陈东琪学术自传》
5.《陈锡文学术自传》
6.《迟福林学术自传》
7.《樊纲学术自传》
8.《范恒山学术自传》
9.《房维中学术自传》
10.《高培勇学术自传》
11.《高尚全学术自传》
12.《郭克莎学术自传》
13.《洪银兴学术自传》
14.《黄达学术自传》
15.《黄群慧学术自传》
16.《贾康学术自传》
17.《江小涓学术自传》
18.《金碚学术自传》
19.《李实学术自传》
20.《李晓西学术自传》
21.《厉以宁学术自传》
22.《林兆木学术自传》
23.《刘诗白学术自传》
24.《刘世锦学术自传》
25.《刘树成学术自传》
26.《刘伟学术自传》
27.《马建堂学术自传》
28.《彭森学术自传》
29.《宋晓梧学术自传》
30.《田国强学术自传》
31.《王梦奎学术自传》
32.《王一鸣学术自传》
33.《魏杰学术自传》
34.《魏礼群学术自传》
35.《乌家培学术自传》
36.《吴敬琏学术自传》
37.《杨瑞龙学术自传》
38.《张军学术自传》
39.《张军扩学术自传》
40.《张晓山学术自传》
41.《张燕生学术自传》
42.《张宇燕学术自传》
43.《张卓元学术自传》
44.《赵人伟学术自传》
45.《郑新立学术自传》
46.《周叔莲学术自传》

总　　序

Preface

盛世出华章。中国的改革开放是一场波澜壮阔、前无古人的伟大社会变革，也将是世界经济发展史上的瑰丽篇章。中国经济学家在这场伟大变革中，或贡献了智力，或参与了实践，无论是参政建言还是学术构建，均厥功甚伟。

在我们先后迎来改革开放40周年和中华人民共和国成立70周年之际，为了记录并彰显中国经济学家的历史贡献，为中国特色社会主义事业进一步发挥智慧的力量和作用，同时借以勉励后学筑梦前行，我们组织并编辑了这套《改革开放进程中的经济学家学术自传》丛书。

这套丛书的出版设想，最初由广东经济出版社提出。在此之前，得力于中国社会科学院经济研究所张卓元教授等的大力支持，该社曾于2009年编辑出版《影响新中国60年经济建设的100位经济学家》丛书。那套丛书产生了良好的社会反响，也获得了较高的学术评价。弹指一挥间，又是一个十年，共和国迎来了70华诞，改革开放也逾40周年。在这样一个特殊的背景下，广东经济出版社邀请张卓元教授和高培勇教授领衔，由《经济研究》编辑部具体负责，组织、编辑一套集中反映改革开放进程中的经济学家学术探索和心路历程的丛书。

认识到这是一件颇具眼光、很有意义的事情，于是，便有了读者眼前这套《改革开放进程中的经济学家学术自传》丛书编辑出版工作的启动。

中国经济改革与发展的伟大实践，为中国经济学家的成长提供了肥沃的土壤。要从这些灿若繁星的经济学家中推选出大家比较公认的富有影响力的经济学家，并不容易。怎样推选？推选多少？具体标准是什么？如何约稿？丛书的体例又该如何把握？这一系列相关问题接二连三地提至我们面前。

为此，在初步拟订编辑出版方案的基础上，由张卓元教授和高培勇教授主持，邀请部分专家召开了小范围的论证会议，就组建丛书编辑委员会以及丛书编辑出版的一系列相关问题听取意见，进一步完善方案。

紧跟着，2017年6月25日，丛书编辑委员会会议在北京举行。出席会议的委员共有19位（按姓氏音序排列）：白重恩、常修泽、陈东琪、陈锡文、迟福林、高培勇、郭克莎、黄群慧、金碚、李晓西、刘伟、彭森、宋晓梧、田国强、魏礼群、吴敬琏、张军扩、张燕生、张卓元。因故请假、提供书面意见的委员有10位（按姓氏音序排列）：蔡昉、曹远征、贾康、李实、李扬、厉以宁、林毅夫、刘世锦、钱颖一、张军。

这次编辑委员会会议就如下一些重要问题形成了高度共识：

第一，关于丛书的意义。委员们高度认可丛书的编辑出版工作，认为这是一项富有重要历史和现实意义的出版工程。

第二，关于丛书入选者的标准和数量。委员们认为应本着宁缺毋滥、质量为先原则，以对改革开放事业的某个特定领域做出实质性贡献或产生实质性影响的经济学家为重点，入选者宜掌握在60位左右。

第三，关于丛书的体例。基于凸显学术价值和史料价值的考虑，委员们认为学术自传宜涵盖作者的学术成长历程、作者对改革开放事业某个特定领域的研究成果和学术贡献、作者对特定领域改革前景的展望等方面内容。

第四，关于丛书的读者对象。委员们认为应主要面向青年学者以及学生，谈人生经验、述理想情怀，激励广大青年学者和学生确立奋斗的目标、发展的方向和成功的路径。

第五，关于丛书的文风。委员们主张学术自传应具有较强的理论性、学术性，同时文笔流畅、深入浅出，具有一定的可读性。

在经过充分讨论形成的候选经济学家名单基础上，与会委员按照获得半数以上多数票入选的规则，以无记名投票方式表决确定了65位入选者。

会议还决定，请因故请假的委员继续对候选经济学家名单通讯投票，并根据此项流程的统计结果，提请全体编辑委员会委员再进行一次通讯评审，最终确定丛书入选者为68位。

由此产生的《改革开放进程中的经济学家学术自传》丛书入选作者为（按姓氏音序排列）：白重恩、蔡昉、曹远征、常修泽、陈东琪、陈清泰、陈锡文、迟福林、樊纲、范恒山、房维中、高培勇、高尚全、郭克莎、 郭树清、韩俊、洪银兴、华生、黄达、黄群慧、贾康、江小涓、金碚、李剑阁、李京文、李实、李晓西、李扬、厉以宁、林毅夫、林兆木、刘国光、刘鹤、刘诗白、刘世锦、刘树成、刘伟、隆国强、楼继伟、马建堂、彭森、钱颖一、宋晓梧、田国强、王梦奎、王一鸣、魏杰、魏礼群、乌家培、吴敬琏、吴晓灵、杨启先、杨瑞龙、易纲、余永定、张军、张军扩、张维迎、张晓山、张燕生、张宇燕、张卓元、赵人伟、郑新立、周其仁、周叔莲、周小川、朱玲。

在确定入选者名单之后，《经济研究》编辑部立即展开了组稿工作，共有46位入选者接受约稿。在这一过程中，入选的经济学家或其家属、秘书、好友等，对我们的工作给予了热情的支持，在百忙之中积极准备所需要的文献，其认真精神令人感动。应该说，没有他们的积极响应和大力支持，这套丛书是难以按时按质完成的。

由于入选的经济学家大多是名人、忙人，有一部分老作者也已年届九十高龄，约稿的工作量及其难度可想而知。一些作者提出暂不能写作，这多少令我们感到些许遗憾。其间也有许多感人的情景要告诉读者们：常修泽先生于2018年夏天在吉林延边的一个小镇闭门两三个月专事自传写作，在整个写作过程中数十次与编辑部和出版社沟通，包括内容完善、结构设计和一些合理性建议等诸多细节，并且在约定期限内交稿给编辑部；九十五岁高龄的黄达教授在写作过程中十余次通过电话或电子邮件与编辑部讨论写作重点和风格；乌家培、林兆木、王梦奎等老先生也是不厌其烦，反复就文字沟通润色；周叔莲先生在去世前一周还给编辑部打电话，告诉编辑自己已经基本完成了书稿的写作，并详细介绍了自己的写作过程和感想，我们至今忆此仍为之动容。在这些难得的沟通中，我们一次次被感动。

随着此套丛书的陆续编辑出版，我们越来越强烈地体会到了这项工作的意义和价值:

入选这套丛书的作者，系改革开放进程中的经济学家，他们的知名度较高，社会影响较大。这套自传体丛书，是对他们的代表性研究成果、学术贡献、成长历程及人格魅力的一个集中展示。对于广大读者特别是青年学子来说，这无疑是一个难得的学习、了解我国经济理论和现实问题的机会。

这些经济学家在各自的学术领域都是佼佼者或领军者，他们学术素养深厚、学术成就卓越。他们在自传中大多以第一人称娓娓道来，讲述了自己的家国情怀与学术成长经历，为记录我国改革开放历程留下了第一手资料。从经济史和思想史的角度看，这应该是非常有史料价值的研究文献。

众多大家的纸上风华，既映射出中国改革开放40多年取得的巨大成就，也是对中国改革与发展经验比较系统的总结。正如习近平总书记所指出的:“从我国改革发展的实践中挖掘新材料、发现新问题、提出新观点、构建新理论，加强对改革开放和社会主义现代化建设实践经验的系统总结，加强对发展社会主义市场经济、民主政治、先进文化、和谐社会、生态文明以及党的执政能力建设等领域的分析研究，加强对党中央治国理政新理念新思想新战略的研究阐释，提炼出有学理性的新理论，概括出有规律性的新实践。这是构建中国特色哲学社会科学的着力点、着重点。”应该说，本套丛书的作者们用生动而精彩的人生与学术追求，践行了这一重要要求。

这套丛书的编辑出版与《经济研究》编辑部各位同仁的努力也是分不开的。他们通过电话、短信和邮件等方式不断地与作者或其家人、秘书等进行沟通。参加组稿和审稿工作的人员有：郑红亮、刘霞辉、张永山、唐寿宁、王利娜、谢谦、金成武、孙三百、陈小亮、欧宏、王红梅、刘莹、曹帅。

广东经济出版社的领导和编辑在本丛书的出版过程中也做了大量的工作，正是有了他们的努力，这套丛书才能得以顺利与读者见面。

特别值得一提的是，这样一套组织工作浩繁的大型丛书，见证了《经济研究》编辑部与广东经济出版社值得称道的团队合作精神。编辑部的张永山、王红梅同志和广东经济出版社的编辑团队从始至终为丛书的组织沟通、约稿、文稿整理付出了大量的心血，他们的耐心和一丝不苟的敬业精神令人称道。

这套丛书就此付梓了，回望中国改革开放的辉煌岁月，携手丛书作者对祖国的拳拳心路与期待，我们略感欣慰！但由于时间仓促，加之我们的水平有限，书中的不足和错误之处在所难免，敬请广大读者批评指正。

《改革开放进程中的经济学家学术自传》丛书编辑委员会

2019年10月

2009年5月，魏礼群在办公室。

作者简介

魏礼群

男，1944年12月生于江苏省睢宁县原朱集乡魏圩村。1965年5月加入中国共产党，1968年12月毕业于北京师范大学历史系。

曾任国家计委政策研究室主任、体制改革和法规司司长、党组成员兼秘书长，中央财经领导小组办公室副主任，国务院研究室主任、党组书记，国家行政学院党委书记，第十一届全国政协委员、文史和学习委员会副主任，中国共产党第十六届、第十七届中央委员会委员。

主持或参加过党中央、国务院大量重要文件和党中央、国务院领导人重要讲话等文稿的起草工作，负责或参与推进中国改革开放和现代化建设重大课题研究70多项，取得一大批有重要价值的学术、科研、决策咨询成果。

主要社会兼职有：中央马克思主义理论研究和建设工程咨询委员会委员、国家哲学社会科学研究专家咨询委员会委员、全国哲学社会科学规划领导小组应用经济组组长（召集人）、中国国际经济交流中心常务副理事长兼学术委员会主任；曾任中国行政体制改革研究会会长、中国西部人才开发基金会理事长、中国宏观经济学会副会长、中国软科学学会副会长、国际行政院校联合会副主席。自1995年起，分别受聘于中国人民大学、国家信息中心、北京师范大学、国家行政学院、上海财经大学、中国国际经济交流中心，担任教授、博士生导师和博士后导师；2010年10月应邀担任北京师范大学中国社会管理研究院院长；2015年1月兼任北京师范大学社会学院院长。

主要研究领域：应用经济学、公共管理学、社会学；长期致力于宏观经济理论和政策研究、社会发展理论和政策研究、行政理论和政策研究、智库建设理论和实践研究。

2009年入选“影响新中国60年经济建设的100位经济学家”，2013年被评为“20世纪中国知名科学家”，2015年2月入选“2014年中国智库建设十大代表人物”，2017年1月入选2016年度“十大智库人物”，2018年入选“致敬改革开放四十周年·中国智库建设40人”。

目录

壹　学术生涯和工作经历　/ 1

一　求学时代：寒窗苦读，励志自强　/ 3

二　林海10年：经受历练，夯实根基　/ 8

三　国家计委16年：学业并进，奋发拼搏　/ 14

四　中南海15年：知行合一，服务高层　/ 28

五　国家行政学院：发挥优势，开创新局　/ 38

六　退而不休：寄情智库，“学术金秋”　/ 46

贰　主要研究领域和学术成就　/ 81

一　中国特色社会主义基本理论研究　/ 83

二　中国基本国情研究　/ 88

三　建立和完善社会主义市场经济体制研究　/ 92

四　行政体制改革研究　/ 113

五　提高对外开放水平研究　/ 135

六　经济发展战略和发展方式研究　/ 138

七　社会发展研究　/ 157

八　加强和创新社会治理研究　/ 176

九　新型智库建设研究　/ 201

十　其他方面的重大研究　/ 214

叁　助推国家哲学社会科学发展和培养高层次人才　/ 221

一　兼任全国哲学社会科学规划领导小组成员和应用经济组组长（召集人）　/ 222

二　担任中央马克思主义理论研究和建设工程咨询委员会委员　/ 226

三　推进社会管理和社会学学科建设　/ 229

四　主持编写《中国社会治理通论》和组织“百村社会治理调查”　/ 235

五　培养高层次人才　/ 238

肆　学术生涯的感悟和思考　/ 241

一　紧跟时代，明辨方向　/ 242

二　扎根国情，述学立论　/ 245

三　独立思考，唯实求真　/ 247

四　与时俱进，守正出新　/ 250

五　博览群书，厚积薄发　/ 252

六　忙里偷闲，笔耕不辍　/ 253

七　修身治学，立德为先　/ 255

附录　/ 259

附录一　文章　/ 260

附录二　主要著作　/ 266

附录三　主要编著　/ 268

后记　/ 272

壹

学术生涯和工作经历

马克思主义唯物史观认为，社会发展所在历史阶段的客观环境，影响和决定着人的成长道路。从严格意义上说，我的学术生涯和研究工作历程，与中国改革开放40年来波澜壮阔的历程紧密相连，与40年来个人所从事工作的性质、岗位变动深度融合，是一段顺时应势的人生路程。

1978年，是中国伟大的改革开放拉开帷幕的一年。这一年2月，我由祖国北部边疆内蒙古的牙克石林业管理局调入国家计委工作，人生道路发生了具有决定意义的重大转折。从此，我的工作性质和职业岗位发生了三大转变：从基层单位到中央国家机关的转变，从企业管理到政府部门管理的转变，从微观经济活动到宏观经济综合业务的转变。随着这三大转变，我步入了人生的新征程，即在改革开放的历史条件下，走上学术、政策研究和实际工作一体，治学与为政并行的新道路。这段人生新征程体现在研究工作中具有五个“紧密结合”的显著特征：一是基础性理论研究与应用性研究紧密结合，以应用性研究为主；二是理论研究与实际工作紧密结合，以实际工作为主；三是学术研究与决策咨询服务紧密结合，以服务决策需求为主；四是理论政策研究与重要文稿起草紧密结合，以搞好文稿起草为主；五是广泛研究与重点研究紧密结合，以重点工作需求研究为主。在这条人生之路上，我秉持的理念是：励志自强、学业并进，崇尚真理、守正出新，学以致用、知行合一，服务人民、报效国家。

这条人生之路岁月峥嵘，我砥砺前行，忠于职守，顽强拼搏，在从政与治学方面都留下许多美好的记忆。40年来，我参加或负责党中央、国务院许多重要文件的起草工作，主持或参加70多项重大课题研究，取得一大批重要的科研、决策咨询成果，个人撰写著作20多部、主编著作110多部，在全国性报刊发表文章330多篇，为国家和人民作出了积极贡献。此外，还参加了大量的政务活动和学术活动。

当然，这条人生之路绝不是预先设计好的，而是经历了长期非凡的艰苦奋斗。下面仅从治学角度记述我的学术生涯和工作历程。

一　求学时代：寒窗苦读，励志自强

1944年12月25日，全国抗日战争胜利前夕，我出生在江苏省睢宁县朱集乡魏圩村一个贫苦农家。

7岁起，我开始在魏圩村初级小学校读书，五、六年级则是在朱集高级小学校度过的。11岁那年，父亲魏本元因病辞世，母亲胡侠英带着我和两个弟弟、一个妹妹共四个孩子，生活异常艰苦。作为长子，我边上学边承担繁重的农活。贫寒的家境使我难以专心读书，但却培养了我励志自强的品格。当时，家里无课本以外的书可供我阅读，我就常去村子里一位教过私塾的魏本润大伯家，与他的孩子，也是我的同学魏学礼一起看杂书。这位老私塾先生家里贴着两副对联。一副是劝读书的："耕读传家久，诗书继世长"；另一副是劝察世的："贫穷时三把钢钩抓不来至亲骨肉，富贵日五支猎枪打不走兔子宾朋"。大伯还常给我们讲"修身齐家治国平天下"的道理。这两副对联和他讲的道理，深深埋在我幼小的心灵里，敦促我勤奋读书，洞谙世理。更让我牢记的是当时母亲的一句话。父亲去世后，邻居大伯说:“别让孩子上学了，在家种地吧。”母亲却倔强地说：“就是我逃荒要饭，也要让孩子读书。”这句话，一直激励我自强不息。

1957—1963年，我在李集中学就读初中、高中。李集中学是于1952年10月开办的一所农村中学，郭沫若、费孝通先后题写过校名。中学时代，恰逢国家“大跃进”和“三年经济困难时期”，我们家的生活极度艰难。幸亏学校领导给予特殊关照，将我与几个家庭特别困难的学生的户口迁至学校，让我靠学校救济金和勤工俭学度过了中学6年的宝贵时光。因深知读书机会来之不易，我更加努力和刻苦，品学兼优，多次被评为学校“三好学生”“优秀学生”。高中3年，我每年都任学习委员，尤其偏好语文，作文常被语文老师当作范文在班上或同年级间阅读点评。我还经常给报刊撰写文章，高考作文也得了高分。

1963年初，那时填报高考志愿，每个人可以填写三个。由于家境困难，我就填报了能够免费上学的高校，填写的三个志愿都是师范院校：第一个是徐州师范学院，第二个是南京师范学院，第三个是北京师范大学。三个志愿都选择历史专业，则是因为仰慕司马迁作《史记》的胸襟与抱负。刚开始我只填写了两个志愿，并未填报北京师范大学，是我同班好友许春桂见我空着一个志愿，又觉得我成绩好，便帮我加填了第三志愿——北京师范大学历史系。能去北京读书，我梦寐以求，却又认为高不可攀。然而，我人生第一次大的机遇降临了。这一年，北京师范大学历史系顾诚教授到江苏录

1961年7月，睢宁县李集中学学校领导与高一乙班全体同学合影。前排：左一为魏礼群。三排：右六为校长杨建樵，左五为学校团委书记张玉庆，左六为班主任单运德。

取学生，我是在江苏被录取的四名学生之一。1963年8月23日，在朱集邮政所接到北京师范大学录取通知书那一刻，我居然不敢相信这是事实，但毕竟梦想成真，我激动不已。我在日记中写道：“去北京上大学，万分高兴，夜不能寐，浮想联翩。”

当年，家中一贫如洗，没有进京路费，也没有能带的棉被。魏圩村第六生产队的几位村干部知道后，商议卖了一些集体的粮食，给我购买了一张到北京的火车票。此时，本家魏本秀大伯家刚生了一个孩子，按政策发了25尺（约等于8.3米）布票，他将布票送给我，让我得以买布做了一床棉被。就这样，1963年8月28日上午，我怀揣崇高志向和家乡父老厚望，满怀激情地奔赴北京上大学。这是我第一次离开家乡，与我同行的，是李集中学同年级考入北京矿业学院的林学兰同学，我们一路上相互关照。在赴北京师范大学报到的途中，我经历了一段艰难的路程。8月29日，山东遭遇50年一遇的暴雨，冲断了津沪铁路线济南以北路段，火车停止运行；8月30日，我们只好绕道烟台，乘坐24小时轮船抵达天津塘沽港；之后又改乘火车，于9月2日才到达北京。这也是我人生第一次乘火车、坐轮船长途曲折跋涉的经历。

1963年，国家刚刚经历了“三年经济困难时期”，北京师范大学全面开展艰苦奋斗教育、思想修养教育、忠诚党的事业教育。使我感到荣幸的是，当时担任校长的是被毛泽东称为“国宝”的著名历史学家陈垣先生，担任历史系主任的是著名的马克思主义历史学家白寿彝先生，担任历史系副主任的是著名的历史学家何兹全先生，担任历史系党总支书记的是精明干练的冯效南老师，担任历史系团总支书记的是善于做青年工作的金春芳老师，担任政治辅导员的是年轻有为的黎虎、顾诚老师，另外，还有10多位在历史学界颇有名望的教授和一批知识渊博的中青年教师给我们上课。让我印象最深的，是这些一流历史学家崇尚真理的品格、严谨治学的态度和科学求实的精神。那时，白寿彝先生、何兹全先生等德高望重的史学大家，也亲自给我们授课。我们入学后不久，白寿彝先生就亲自为我们讲授史学概论。他谈古论今、旁征博引，教育我们要以马克思主义理论为指导学习和研究历史，强调要打牢基本理论和基础知识的功底，严谨治学、求是笃行。在他的倡导下，我更加注重对马克思主义经典论著的研读，注重理论联系实际，注重基本功训练。先生们言传身教，育人有方，春风化雨，润物无声。这些使我终身受益。

在北京师范大学的前2年，学校大抓教学质量，读书之风大兴。教学楼的点点灯火，青杨掩映的校园小径都给我留下了难忘的美好记忆。同学们刻苦攻读、渴求知识、开展学术讨论的情景，至今仍历历在目。我们学习的教材有郭沫若的《中国史稿》、范文澜的《中国通史》、周一良的《世界通史》。指定的课外阅读书目也不少，既包括马克思主义经典作家的一些论著，也包括司马迁的《史记》、司马光的《资治通鉴》等。1964年下半年到1965年上半年，学校开展社会主义教育运动，进行又红又专教育。1965年5月15日，我被批准加入中国共产党，是（史三）班级中最早成为中国共产党党员的学生。1965年秋至1966年6月初，在党中央的统一部署下，我参加了北京师范大学在山西省长治县开展的社会主义教育运动，担任八义工作团团委书记，协助工作团领导做青年工作，主要是负责北京师范大学师生的联络工作。为了履行好职责，我用蜡纸刻写《简报》，自己撰稿并刻写印制，发放给工作队师生。在大学5年，由于家庭经济困难，我每月能享受到国家助学金最高标准19元。我每天只花5角钱生活费，每月能省下三四元钱用于购买书籍。有2年寒假，我在学校图书馆做助学岗，抄写古籍，得到些零花钱。每年6月我还到北京郊区帮村民收割小麦，接受劳动锻炼。回首往事，北京师范大学之于学生，不仅是读书学习的场所，更是得到做人的熏陶与奠基的地方。

在学生时代，靠着坚定信念和艰辛努力，在学校的帮助下，我顺利完成了中学学业和大学学业。既学到基础知识，又得到文字功底训练，既培养了勤奋读书、严谨治学、追求真理的意志品质，又树立了忠于党、忠于祖国、忠于人民的坚定信念，并养成了艰苦朴素、勤俭节约的生活作风。我始终遵循北京师范大学“学为人师，行为世范”校训，牢记师长教诲，刻苦学习，勤勉敬业，竭诚为国家和社会效力。大学毕业后，我虽然多年在边远基层生活，又调换过多个工作单位，置身于多种生活环境中，但都能够很快地适应各个岗位的工作需要。如果没有上学时奠定的政治思想基础和各方面的知识储备，就很难在这些工作环境和岗位上为党、国家和人民作出较多的贡献。

二　林海10年：经受历练，夯实根基

风雨多经志弥坚，人生旅程难忘怀。我在大学毕业后走向社会旅程的第一站，是地处祖国北部边疆、当时条件极为艰苦的大兴安岭林区，我在那里工作、生活了10个年头，这是我经受艰辛历练的一段难忘的岁月。

我于1968年7月从北京师范大学毕业，由于当时正处于“文化大革命”，国家延迟到12月才进行毕业分配。1966年6月，我因为是学生中的党员和班级干部而受到错误冲击。毕业分配时，军代表主持学校分配工作，按照1968年6月党中央、国务院关于大专院校毕业生分配问题的通知，分配方案为“四个面向”，即面向农村、面向边疆、面向基层和面向工矿。作为学生党员，我主动要求到最艰苦的地方去。这

样，我和当时是同班同学、后来结为伴侣的周贵芹一起，被分配到内蒙古牙克石林业管理局工作。1968年12月26日，恰逢毛泽东主席诞辰，我俩赶到牙克石林业管理局政治部组织组报到，随即被分配至林管局下辖的毕拉河林业局。

巍巍兴安岭，群山绵延，林海茫茫。牙克石林区地处大兴安岭中脊中段西坡，是我国最大的、集中连片的国有林区，是国家最重要的森林储备基地，总面积为106700平方千米，当时下辖30多个林业局（厂）。我们被分配去的毕拉河林业局，是牙克石林区最偏远的林业局，局驻地在鄂伦春自治旗所辖的诺敏镇（小二沟），既不通铁路也不通公路，交通非常闭塞。当时的牙克石林业管理局在这里开办了“五七干校”。

1969年1月3日，当天气温零下40多摄氏度，酷寒彻骨，又刮着四五级北风，我们乘坐一辆大卡车去毕拉河林业局，这是一段极为艰苦的路程，我终生难忘。早晨上车后，我们把身子缩成一团，将棉被裹在身上，途中5个小时没吃一口食物，也没喝一口水。到达毕拉河林业局所在地时，我们的手脚都冻麻了，失去了知觉。林业局办公室接待的同志见我们手冻肿了，让我们马上用雪搓手，搓了好久，才恢复知觉。我们这才知道，如果不用雪搓而直接用热水泡或在火边烤，就会造成血液不循环，手脚就有被截肢的危险。这次在严冬中长途乘坐大卡车去首个工作单位报到，给我上了“浩瀚社会海洋里的第一课”。

那时的毕拉河林业局是个仅有200多名职工的防火林业局，由于交通不便，大小报纸需要20天以后才能看到，“日报”变成了“月报”。毕拉河林业局和牙克石林业管理局“五七干校”两个牌子、一套人马。分配来的大学毕业生的主要任务是劳动锻炼。刚开始时，我被分配给修炉子的师傅打下手。夏季种土豆、收小麦时，蚊虫特别多，下地干活得戴防蚊帽，一不小心脸上和手上就被咬出好多个疙瘩，痛痒难耐。

1970年5月，“五七干校”撤销。我被上调到牙克石林业管理局文教处，分管学校教育工作。主要任务有四项：一是督促中小学校复课；二是推荐工农兵大学生和招收林业师范学校学生；三是深入林业局、林场学校，了解情况，调查研究；四是检查恢复学校秩序，发展教育事业。我积极组织已离开教育系统的教师们归队，动员学非所用的大专院校毕业生到学校工作，从优秀下乡知识青年中招收了一些代课教师。这些举措，使全林区教育秩序得以恢复。1972年，国家恢复高校、中专院校招生，我认真负责地工作，努力做到公平公正，使一些普通林业工人家庭的孩子成为工农兵大学生和师范学校学生。

在牙克石林业管理局文教处工作的4年中，我做过许多调查研究并提出重要建议。包括：关于林区教师队伍的现状和解决办法，调整林区中小学校布局，等等。为方便林业职工子弟就学，我提出，各林场要设立初中，林业局要有高中，努力做到“上初中不离林场，上高中不离林业局”。有些建议由我负责起草专门文件，由林业管理局党委或文教处下达实施。同时，我还深入办得好的学校总结经验，在全林区宣介推广。可以说，从那个时候起，我就乐于

1971年12月，魏礼群（前排右一）与牙克石林业管理局文教处全体人员合影。前排：左二为文教处处长宋拉，右二为副处长陈国忠。后排：左三为副处长张学礼，右二为邢世昌，左一为周临章。

调查研究、建言献策。

由于多次为林业管理局领导写讲话稿和会议文件等，我被领导称为“林区的真正秀才”。1975年初，我被调到牙克石林业管理局政治部办公室任秘书，专门从事林业管理局文件和领导讲话起草工作。1976年9月，我被任命为牙克石林业管理局党委办公室副主任（副处长）；10月，林业管理局党委作出决定，由林业管理局党委副书记李向义担任队长，林业管理局副局长石成陆、于建国和我为副队长，同时我兼任工作队办公室主任，带领社会主义教育工作队去解决“老大难”单位阿龙山林业局的问题。我们深入林场、工队，与基层干部工人同吃同住同劳动，了解木材生产、营林、木材加工和职工生活情况。经过6个月时间，采取多方面措施，很快恢复了这个林业局的生产秩序，使这个“老大难”单位走上了正轨。记得当时我们经常凌晨5点多钟就上山拉木头，在零下40多摄氏度拉车时，衣服里面一身汗，衣服外面一层霜，呼出的气立刻在眉毛上、衣服上结成白霜。在小工队里，我们同采伐工人一起住帐篷，睡小杆铺，支起汽油桶，烧木头块取暖。前面加着热，后面吹冷风，真可谓是“火烤胸前暖，风吹背后寒”。那段时期，我经常加班到深夜，有时买个猪肉黄豆罐头，与几位同志一边喝两口酒暖身，一边商议工作，充分体验了基层工作的艰辛。

在牙克石林区的10年，生活条件极为艰苦。在毕拉河林业局的1年多时间，我住在木板搭成的办公室里。调到牙克石林业管理局工作后，我2年多没有住房，只能住在一间不足10平方米的井房子里面，一半是水井，一半是火墙隔开搭了个炕。当时我的弟弟、妹妹从家乡来了，也挤在一起。由于“文化大革命”期间国家没有给大学毕业生涨工资，因此在林区工作的10年中，我和爱人的月工资一直都是46元，这些钱不仅要维持四口人的生活，还得供弟弟上学。当时，生活物品极度匮乏，一个月供应8斤面粉，还经常脱销。元旦、春节可以凭证购买2斤大米，但去晚了就买不到。一年四季吃土豆和大头菜。当时，家里只有一张写字台和一个书柜，别无他物。

清贫的物质生活使我心无旁骛，我抓住一切机会读书，汲取知识养分。《资本论》《马列著作选读》《列宁选集》《毛泽东选集》等经典著作，我都反复阅读，并摘写了下来。我还购买并阅读了《鲁迅全集》《资治通鉴》等名著。

同时，我还注意学习林业生产知识，深入了解森林工业企业管理、采伐、育林、木材加工和经营工作，不断提高林业业务工作水平。我虚心向各族干部群众学习，与他们和睦相处，和许多达斡尔族、蒙古族、鄂伦春族等少数民族干部、工人结为朋友，离开牙克石林区后还经常往来。

生活越是艰苦，人就越发坚强。我始终用“不经一番寒彻骨，怎得梅花扑鼻香”这一诗句激励自己。在牙克石林区的10年中，我跑遍了全林区的30多个林业局（厂）和几十个林场、小工队。茫茫林海艰苦生活的磨砺，使我深入了解社会基层、企业状况和群众疾苦，受到活生生的国情教育和实践出真知的教育，增进了与劳动人民的感情，也历练出难得的刚强、豁达和腊梅风骨，这对我一生影响至深，也为我以后的学习和工作打下了重要基础。

2005年8月，魏礼群（右五）和夫人周贵芹（右四）、女儿魏冬梅（左二）重返牙克石林区莫尔道嘎林业局并与随行人员合影。右一为袁炳玉，右二为柳泽伟，右三为孙建，右六为张志立，左五为戴桂英，左四为赵世洪，左三为赵墨，左一为韩平。

三 国家计委16年：学业并进，奋发拼搏

1976年10月，“四人帮”被粉碎了，随之“文化大革命”结束。这时，国家百废待兴，中央国家机关恢复正常运行，需要调入干部。在这种历史大背景下，经北京师范大学历史系原党总支书记冯效南的推荐、国家计委人事部门的考察，我于1978年2月被调至国家计委工作。1978年3月6日，我到国家计委政策研究室上班，直到1994年8月，在国家计委工作了16年。这一时期我主要从事国民经济和社会发展计划编制、政策研究和重要文稿起草工作。我秉持学术研究和岗位履职并进的志向，实现了人生道路具有根本性意义的重大转变。俗话说：隔行如隔山。我原来是学习历史专业的，又多年在企业工作，转为做经济工作尤其是宏观经济工作，专业领域之宽、知识储备之少、工作挑战之多、履职难度之大不言而喻。我暗自下定决心，一切从头学起，一切从头干起，学中干，干中学，以顽强的拼搏精神和坚强的奋斗意志，攻克一个个难关，走出了一条学术与工作兼顾、密切结合、相互促进的路子。

国家计委是国务院组成部门中最大的综合部门，是党中央领导经济和社会发展工作的参谋部。我在国家计委工作的16年间，党和国家领导人余秋里、姚依林、宋平、邹家华和陈锦华同志先后担任国家计委主任。1978年初我到国家计委工作时，中共中央政治局委员、国务院副总理余秋里兼任主任，房维中同志为国家计委常务副主任兼政策研究室主要

负责人。我被安排在国家计委政策研究室工作，这是负责国民经济和社会发展战略、政策研究和重要文稿起草的综合性机构，进行政策研究和起草重要文稿是我在新岗位上的职责和使命。1985年4月，我被任命为政策研究室副主任。1988年上半年，在新一届国务院机构改革中，国家计委党组决定撤销政策研究室，新成立长期规划司与体制改革和法规司两个机构，我由原政策研究室副主任升任新组建的体制改革和法规司司长，负责体制改革和法规工作，仍承担原政策研究室的主要职能。1990年，国家计委党组撤销体制改革和法规司，在这个司的基础上又恢复成立政策研究室，我改任政策研究室主任。

在国家计委工作期间，我的学术生涯才真正开始并逐步拓展。我将主要精力放在履行岗位职责上，而由于自己的工作岗位性质，我又与学术研究结下不解之缘。与学术研究紧密相关的工作，主要有三个方面：一是直接承担重大课题研究；二是在参与重要文稿起草工作中研究问题；三是负责组织国家计委机关学术研究活动。

（一）在重大课题研究方面，产生重要影响的几个研究领域

（1）研究宏观经济领域的问题。宏观经济领域的问题，是我学术研究和决策咨询研究的重点，而这个领域又是从研究国民收入分配中的积累和消费关系入手的。1978年3月，我到政策研究室工作后，就被分配作经济发展战略和计

划工作研究。随即参加党中央、国务院召开的一些重要会议的会务工作，包括先后在全国计划工作会议、五届全国人大二次会议等全国性会议上编写简报。1978年12月，党的十一届三中全会作出改革开放的伟大决策，并作出了把工作重点转移到社会主义现代化建设上来的战略部署，国家计委的工作重点随之转移到为改革开放和现代化建设服务的决策部署上来。1979年4月召开的中央工作会议上提出对国民经济实行“调整、改革、整顿、提高”的方针，解决国民经济中重大比例关系失调问题。进入20世纪80年代后，国家开始制定中长期规划。在这种历史背景下，我承接了研究国民收入分配中如何处理积累和消费比例关系这个重大课题，党中央明确要求研究提出第六个五年计划期间积累和消费的比例以多少为比较合适的杠杠。这是我到国家计委工作后承担的第一个重大研究课题，是我从事重大学术研究，也是直接服务党中央决策的第一项重大任务。此前，我缺少积累和消费关系研究的相关知识，更没有处理这方面比例关系的实践经验，其中涉及的一些重要理论观点、概念范畴也未曾见过。接受这项任务后，我深入学习马克思主义经典作家关于国民收入分配的基本理论，系统研究知名经济学家的相关论著文章，梳理分析新中国成立后历个五年计划时期的历史数据资料，还向在国家计委工作多年的王春正同志求教，不分昼夜地整理资料、分析计算，很快形成了一批关于积累和消费关系的研究成果，并提出了第六个五年计划期间合理积累率为25%左右的政策建议，为党中央决策提供了重要参考依据。在完成积累和消费关系这个专项重大课题研究任务过程中，我体验到了学术研究工作的艰辛，也品尝到了学术研究成果为党中央决策服务的快慰，由此迸发了致力于学术研究、政策研究的兴趣与热情。

（2）研究计划体制领域的问题。我国改革开放的伟大历程，是从经济体制改革发端的，原来的计划体制是整个经济体制的主体和核心。随着经济体制改革的逐步展开，改革计划体制成为首要的重点任务。与中国经济体制改革不断探索和逐步深化一样，推进计划体制改革也经历了一个由浅入深、从点到面的过程。党中央作出改革开放伟大决策之后，我就开始重视计划体制的理论研究和实际运行问题。1982年3月，我着手系统梳理我国实行工业、农业计划经济的理论和做法；1983年2—4月，我承担了国家计委政策研究室的专题研究任务，写出了题为《对计划管理三种形式的初步设想》的研究报告；1983年8月，研究起草了题为《关于建立科学的计划体系和指标体系》的文章；1984年4月，参加了国家计委在哈尔滨市召开的全国计划体制改革座谈会；1985年1月，参加了国家计委在广西南宁召开的全国指导性计划讨论会议，并负责起草会议纪要。让我深度介入计划体制改革研究的，是1983年9月至1984年1月参加党中央成立的计划体制改革领导小组工作。这个领导小组的主要任务，是负责研究提出计划体制改革的意见，负责人是胡启立（中共中央政治局常委、书记处书记），主要成员有宋平（国务委员兼国家计委主任）、安志文（国家体改委第一副主任、党组书记）、贺光辉（国家体改委副主任、党组副书记）、廖季立（国家体改委副主任）、柳随年（国家计委副主任），及国家体改委的杨启先、郑洪庆、曾国祥和国家计委的黄振奇、郑力、罗精奋、余芝芳等人。我和胡季为简报组负责人。这个小组办公室设在中南海警卫局大楼，在中南海152食堂用餐，历时4个多月。这个小组召开了各种座谈会，广泛听取了意见。这期间，我与郑洪庆主笔写成《计划体制改革初步设想》，印发中央财经领导小组成员、中央计划体制改革领导小组成员和国务院主要领导人。这是我平生第一次在中南海大院直接参与中央组织的研究起草重要文稿任务，既集中时间和精力研究了计划体制改革问题，又亲历了中央高层的决策过程。

1984年夏天，为了密切跟踪计划体制改革学术理论研究中的新观点、新思想、新论述，我组织当时在国家计委政策研究室工作的任珑、韩志国，顶着酷暑、夜以继日地收集资料，编写成20多万字的案例研究成果《“包”字进城，一包就灵》，并按专题综述一系列计划体制改革理论研究文章，在《经济研究》等权威刊物上发表。1985年，我同韩志国撰写出专著《计划体制改革论争：1979—1983》。这些研究成果受到社会的广泛关注，有些文章被重要报刊转载。

在研究计划体制改革期间，我曾多次出访一些国家。1982年4月，随同以国家经委副主任邱纯甫为团长的中国经济代表团赴联邦德国，考察该国实行社会市场经济体制的历史背景、基本内涵、运行机制，参与撰写考察报告，并写出《西德经济管理体系的若干特点》①一文。1986年5月，

① 刊登于1983年第4期的《外国经济与管理》上。

随同国务委员兼国家计委主任宋平访问土耳其，执笔撰写访问报告，并撰写了《土耳其经济的开放与改革》[①]一文。1986年10月，参加世界银行经济发展学院在美国举办的综合交通运输体系研讨班，负责写出《关于参加世界银行经济发展学院综合运输高级研讨班的报告》，上报国务院，并撰写专文在报刊发表。1988年2月，随同中共中央政治局委员兼国家体改委主任李铁映率领的中国代表团，考察联邦德国的社会市场经济和欧共体经济体制，参与撰写报送国务院的考察报告。1988年底，随同以王梦奎为团长的国家计委代表团访问瑞典、奥地利，考察两国宏观经济管理的做法。1991年1月，带领国家计委代表团赴法国举办为期21天的专题研讨

1991年1月，魏礼群（前排左四）带领国家计委代表团在法国举办财政、计划和国有企业专题研讨班。前排：右一为国家计委经济研究中心副主任林兆木，左一为财金司司长许文清，左二为政策研究室处长戴桂英。中排：左三为培训中心副主任党彤。

① 刊登于1986年第12期的《计划经济研究》上。

班，主要研讨法国财政、计划和国有企业管理模式，许文清、林兆木、党彤、戴桂英等20多人参加考察研讨，并向国务院提交了研讨成果报告。这次研讨班后，我与戴桂英合作撰写了小册子《市场中的国有企业》[①]，介绍法国国有企业运作模式。1993年1月，参加中韩经济知识交流国际研讨会，并作题为《中国经济发展中的“瓶颈”与产业政策》的发言。1994年4月、9月，分别带领国家计委代表团访问墨西哥、巴西，考察市场经济体制和计划工作，并分别写出专文发表。1994年9月17日至10月4日，带领国家计委代表团访问加拿大北方电讯集团，考察企业体制和经营管理，向国务院报送了考察报告。这些国外考察活动，使我增长了知识，开阔了眼界，获得了许多启迪。

20世纪80年代末和90年代初，我在担任国家计委体制改革和法规司司长、政策研究室主任期间，还投入很大精力主持研究起草《计划法》《国民经济稳定增长法》《中华人民共和国招标投标法》等重要法律草案的工作。我带领国家计委代表团分赴墨西哥、美国、加拿大、法国、联邦德国等考察调研，代表团成员有戴桂英、袁炳玉、欧延佳、郑廉明、李晨阳等，取得一批重要考察成果。《计划法》文稿经过10多次修改，由国家计委办公会议讨论通过上报，并在国务院会议和全国人大财经委会议上作过多次汇报，但由于当时认识不够一致而被搁置了下来。尽管如此，这也是一项颇有意义的研究工作。《国民经济稳定增长法》的研究起草工作

① 1992年11月由人民出版社出版。

1990年12月在浙江杭州召开《计划法》研讨会期间，魏礼群(二排左五)与国家计委体制改革和法规司班子成员及部分同志合影。二排：左四为副司长王金中，右四为副司长李荣华，右一为顾国新，右二为周翎亚，右三为武爱民，左一为柳泽伟，左二为张峰，左三为宋曙光。后排：左为袁炳玉，右为郑廉明。前排：左一为朱少平，左二为刘兴义，左三为戴桂英，右三为魏勤，右二为区延佳，右一为鲍风。

也花费了我们很多精力，几易其稿，但终未出台。《中华人民共和国招标投标法》的研究起草是在我的主持下启动的，后来由戴桂英同志负责，她与袁炳玉等同志付出很大努力才得以完成。1995年5月、1996年1月，我分别在江苏无锡和福建厦门主持召开《招标投标法》国际研讨会，国家计委戴桂英、袁炳玉、李蕴清等组织会议，并邀请国务院法制办领导和有关部门、地方相关人员参加，取得了重要研讨成果。

1992年10月，我在国家计委系统干部培训班上作报告，深入阐述计划体制改革的根本方向，就是实现向社会主义市场经济体制的转变，并负责起草了《深化计划体制改革的方案》，上报国务院批准后实施。在国家计委工作期间，我还深入研究了投资体制改革、价格体制改革、流通体制改革等与计划经济体制改革相关的重要问题。可以说，我在计划经济体制向社会主义市场经济体制转变中不断深化理论研究，并作出了积极的贡献。

（3）研究社会发展领域的问题。40年来，我一直关注和重视社会发展领域的研究，这是从在国家计委履职就开始的。国家计委既是宏观经济综合部门，也是社会发展综合部门。从1981年开始，国家中长期规划和年度计划的名称，由以前的“国民经济发展计划”改为“国民经济和社会发展计划”，表明党和政府逐渐重视社会发展事业。从1979年开始，我就参加了国民经济和社会发展五年计划的研究制定工作，直到1994年8月离开国家计委机关，先后参与了中华人民共和国“六五”“七五”“八五”“九五”计划和15个年度计划的研究制定工作，每个五年计划和年度计划都需要提出国民经济和社会发展的指导方针、奋斗目标、主要任务和重要政策措施。在编制国家中长期计划和年度计划的过程中，都必须深入研究社会发展中的重大问题并提出相应的任务和政策措施。这其中，我更多地研究了教育、社会保障、住房和人民生活诸方面问题，掌握了不少基础知识、基本理论和重要资料。尤其使我深度进入社会发展领域学术研究和实际工作的，是1993年在中国社会学会会长袁方的提议下，经国家计委领导批准，我担任了中国社会学会社会发展与社会保障研究会会长，并筹备成立社会发展与社会保障研究会的工作。1993年12月，我在北京主持召开中国社会学会社会发展与社会保障研究会成立大会；1995年4月和1996年10

月，又分别在山西太原和河南郑州召开全国社会发展与社会保障研究会年会。为了履行会长职责，我翻阅了当时社会学界关于社会发展研究的论著、文章、材料，研究起草在研究会成立大会上的主报告和总结讲话，提出了社会发展领域需要深入研究的重大理论与实践问题，在当时的社会学界乃至社会领域实务部门中产生了重要影响。

与此同时，1994年8—9月，按照国家计委党组安排，我主持起草了《全国社会发展纲要（1996—2010）》以及全国社会发展工作会议上国务院副总理邹家华和国家计委主任陈锦华的讲话。这是新中国成立以来首次召开全国社会发展工作会议。会议主要讨论贯彻《全国社会发展纲要（1996—2010）》精神，研究部署未来15年全国社会发展的主要目标、重点任务和大政方针。我在1994—1996年主持社会发展与社会保障研究会工作期间，积极组织社会学界专家和实际部门社会工作者开展重点课题研究，进行学术交流和研究会自身建设。包括1994年承担国家计委委托项目配合编制"九五"计划和2010年远景目标，成立了跨部门、跨学科的课题组，集中力量进行重大课题攻关研究，特别是开展了"1996—2010：转型时期中国社会发展战略构想研究""中国社会保障制度基本模式研究"两大课题研究。我是这两大课题的总负责人；前一个课题组长为刘风，副组长为李培林、宁吉喆、吴军、牛文元、李守信，主要成员有任珑、朱庆芳等15人；后一个课题组长为刘风，副组长为郭崇德、侯文若、戴桂英、冯汉湘、易卜仁、袁守启，主要成员有田军、李荣时等30人。这些人员都是当时社会学界与社会发展领域的知名专家和实务界有关部门的负责人。这两大课题研究按照预期进度完成任务，取得了水平高、实用性强的研究成果。这两大课题都包括1个主报告和10多个分报告，提出了许多富有创见的观点，为研究制定国家“九五”计划和2010年远景目标提供了重要智力支持，均产生了很大的社会联动效应和决策影响力。辽宁人民出版社1996年8月专门出版了《中国社会全面发展战略研究报告（1996—2010年）》一书。党中央在制定“九五”计划、2010年远景目标的建议和国务院制定的纲要中，都分别吸收了这两大课题的许多研究成果。1996年5月，我在中国社会学会社会发展与社会保障研究会年会上，作了题为《全面贯彻跨世纪的宏伟纲领，大力推动我国社会全面发展和进步》的工作报告，总结了3年多来的工作，着重强调了推动社会全面发展是历史进步的必然选择，论述了“当前社会发展中需要深入研究和解决的一些主要问题”，阐明了“社会发展研究中应当注意处理好的若干重要关系”。这篇学术性工作报告发表在国家计委主办的1996年第11期的《宏观经济管理》中。

在国家计委工作期间对社会发展领域重大课题的研究，为我在以后的工作中服务党中央、国务院决策和进行社会建设与社会治理方面的研究奠定了重要基础。

（二）在参加党中央、国务院重要会议文件起草工作中研究问题

在参加党中央、国务院重要会议文件起草工作中，围

绕决策需求和起草文件需要，有针对性地深入研究理论和政策问题，是我学术生涯的重要特征。在国家计委工作期间，我有幸参加了一系列全国性重要会议文件和党中央、国务院领导人重要讲话的起草工作。包括参加中华人民共和国第六个、第七个、第八个、第九个五年计划和十年规划的文本起草工作，以及1980—1994年历年国民经济和社会发展计划报告的起草工作。参加这些重要会议文件、国家发展计划和领导人讲话的起草工作，都是极好的学习过程、问题研究过程，既能系统学习党的理论、路线、方针，学习党中央、国务院决策部署，又能从参加文件起草工作的党和国家领导人、部门负责人和理论界名家、文字高手身上学习思考问题和撰写重要文稿的经验，促使自己深入进行理论研究，开动思想机器思考问题，努力提出新观点、新见解、新概括，为起草好文件和领导讲话献智出力。

这里，列举几个事例。我到国家计委工作不久，1979年、1980年就参加了国民经济和社会发展第六个五年计划的研究制定工作，这是“文化大革命”结束后也是党中央实行改革开放重大决策后的第一个五年计划，正确认识和处理国民经济发展中的重大比例关系成为一个重要指导方针。如前所述，我围绕如何处理好国民收入中的积累与消费关系作了全面系统的研究，从理论探索和实践总结等多个维度发表了一系列理论和政策研究文章。党的十二大前后，我们党提出从中国国情出发进行社会主义现代化建设的重大思想，我就集中精力开展对我国国情的深入研究，写出了题为《我国国情初步研究》的研究报告。报告刊出后，在理论界和实际部门间广为转发。1983—1985年研究制定国民经济和社会发展第七个五年计划，1985年召开的全国党代会通过了制定第七个五年计划的建议，当时全国上下对如何处理改革与发展的关系以及经济增长速度与质量效益的关系等存在不同意见，我就围绕经济适度增长和保持经济长期稳定增长问题作了深入研究。1984年、1985年全国“经济过热”，一年之中开了三次省长会议要求控制固定资产投资规模过快增长，我就及时深入研究固定资产投资的规模、结构、政策等问题，写出多篇文章在《红旗》杂志等权威刊物上发表。1986年，国务院提出研究制定到2000年的科技、经济、社会发展长远规划，我组织国家计委政策研究室人员研究写出题为《一些国家和地区到2000年发展构想和对编制我国长远规划的思考》的研究报告，在国家计委主任办公会议上作汇报，并形成题为《关于到2000年经济发展战略中的几个重大问题》的汇报提纲，还负责组织研究起草到2000年长远规划基本思路的主报告和十个分报告。有不少重要研究成果被吸收到党的十三大报告中，为中央决策提供了智力支撑。我在参加1987年党的十三大报告起草和1992年党的十四大报告起草过程中，根据报告起草工作需要，着重研究了我国经济发展战略问题和扩大对外开放问题。

（三）组织国家计委学术研究工作

我在国家计委工作期间，房维中同志担任国家计委党组副书记、常务副主任，并分管政策研究室与体制改革和法规司工作。他从1952年国家计委成立到1993年3月一直在国家计委工作，是我国计划工作的重要领导人和著名经济学家，尤其擅长政策研究工作。国家计委政策研究室也负责全国计委系统的学术研究工作。我在1985年担任国家计委政策研究室副主任、1988年担任新成立的体制改革和法规司司长之后，就一直负责国家计委机关的学术研究工作，主要是每年提出全委机关重点研究课题的立项、经费使用分配、科研成果检查评比。1992—1994年，我先后作为国家计委副秘书长、党组成员兼秘书长，协助国家计委副主任桂世镛分管国家计委研究工作，创办国家计委刊物《宏观经济管理》和《中国经济导报》，这两份刊物对更好履行国家计委职能，特别是开展宏观经济理论政策研究、宣传国家宏观经济政策发挥了重要作用。1982年，我被评为助理研究员后，国家计委机关一直没有进行高级专业技术职称评定工作。1988年，按照国家的统一部署和要求，国家计委进行高级专业技术职称评定工作（此后中央国家机关公务员不再评审专业技术职称）。由于我科研成果丰富，一直参与各类重要文稿的起草工作且表现突出，经过全委机关学术委员会议投票，我从助理研究员直接破格晋升为研究员，进入正高级专业技术职称行列。同时，我主持的多项重大科研成果获得了国家计委科技进步奖。这期间，我还担任国家计委学术委员会委员、中国宏观经济学会副会长等职务。1993年我被聘为中国人民大学计划经济系教授，1995年又被聘为博士生导师。这些经历，对我长期从事学术研究、持续进行决策咨询研究和培养高层次专门人才具有重要作用。

在国家计委工作的16年间，我坚持恪尽职守，埋头苦干，奋发进取，常常是“五加二”“白加黑”，基本没有休息过，且越到节假日越忙，因此我被国家计委干部誉为“老黄牛”“拼命三郎”“长明灯”。这从侧面反映了我的工作状态，也是广大干部对我全身心投入工作的认可和赞许，为我此后进入中南海直接为党和国家领导人服务奠定了扎实基础。

四　中南海15年：知行合一，服务高层

北京市紫禁城西侧的中南海，是新中国成立以来党和国家领导人的办公所在地，是中国党和政府高层的象征。1994年8月至2008年5月，我有幸在这里工作、生活了15个年头。这是我人生最有意义的时段，也是我学术生涯中一段不平凡的经历。这期间，我先后在中央财经领导小组办公室和国务院研究室工作。

（一）在中央财经领导小组办公室工作（1994年8月至1998年3月）

1994年8月，党中央决定由我担任中央财经领导小组办公室副主任，我从此进入中南海工作。从国家计委到中央财经领导小组办公室，这标志着我的工作从国务院部门到党中央部门，从国家机关部门到贴近中央高层的重大转变。

在中央财经领导小组办公室工作期间，我多次参与或负责中共中央重要会议文件和中央领导重要讲话的起草工作。参加和负责中央有关文件和领导讲话的起草工作，必须以党的基本理论、路线、方针为指导，并体现中央领导的指示要求，推进理论创新、观点创新、政策创新，这是一个学习、提高的过程。我尽职尽责工作，发挥了应有的作用。

那几年，在中央财经领导小组副秘书长兼中财办主任曾培炎的领导下，我组织和负责完成了多项重大研究性任务，尤为突出的有以下四个方面。

（1）研究邓小平经济理论。1995年底，中共中央宣传部委托中央财经领导小组办公室开展邓小平经济理论研究，当时中宣部负责同志希望通过中财办率先研究邓小平经济理论，取得经验后再开展邓小平理论中其他方面理论的研究，最终形成关于邓小平理论的体系研究。这是个重大理论研究

1995年10月，魏礼群在中央财经领导小组办公室工作。

任务，也是个重大政治任务。曾培炎主任为主要负责人，由我主持日常工作。当时邀请了党中央、国务院系统知名理论专家和经济综合部门实际工作者组成研究编写小组，成员有：中央党校经济学教研部主任臧志风、中财办财贸组副组长（副局长）张松涛、《求是》杂志社经济部主任郑宗汉、中国社会科学院经济所副所长李成勋、国家计委政策研究室处长任珑、北京师范大学经济学教授王善迈、中央文献研究室研究员高屹和中财办朱浩文同志等。历经3个多月的收集、梳理、归纳、研究，从已经公开出版的《邓小平文选》（1—3卷）、单行本和报刊发表的邓小平论述中提取相关内容编写出《邓小平经济理论（摘编）》，又在此基础上，编写出《邓小平经济理论学习纲要》。这两本书都由人民出版社公开出版。中共中央办公厅专门发通知，要求全党学习。这是我为学习、研究、宣传邓小平经济理论作出的积极贡献，我从中也深化了对邓小平经济理论的全面研究与掌握，终身受用。

（2）研究重大经济问题。我到中财办工作不久，1995年3月，党中央决定下半年召开党的十四届五中全会，主要议题是制定国民经济和社会发展“九五”计划和2010年发展目标的建议。党中央决定让我参加文件起草组，并决定由中财办牵头组织重大经济问题的专题调研。中财办负责“加快转变经济增长方式 提高国民经济整体素质和效益”这个重大课题研究。我主持课题组经过2个多月的调查研究，撰写出主报告和几个分报告。在主报告中，深刻分析了传统经济增长方式的主要特征和带来的问题；提出了今后15年必须实现经济增长方式历史性的战略转变，包括转变经济增长方式的主要内容和基本要求；指出了实现经济增长方式转变的主要思路和途径。这是我国较早全面、系统、深入研究分析加快转变经济增长方式的重要成果。由于我到中财办工作之前，在国家计委期间就主持起草了“九五”计划和2010年长远规划基本思路，向国务院总理办公会议作过汇报，并印发16个省长和国务院有关部门负责人征求意见；同时，经过到中财办一段时间的学习、了解情况和认真思考，认为有必要深入研究改革发展中若干重大关系问题，就向曾培炎主任提出并得到他的赞同与指导。1995年6月，我与林兆木同志集中时间和精力讨论研究，反复修改，写出了一份关于社会主义现代化建设中若干重大关系的文稿。后来，经过修改，这项重大研究成果直接转化为党中央主要领导在中央全会上的重要讲话，其中“实行经济增长方式和经济体制两个具有全局意义的根本性转变”被写入党的十四届五中全会文件，成为党和国家经济工作中的重大指导方针。

（3）研究国家经济安全问题。1996年初，曾培炎主任主持中财办会议研究改革开放形势和经济领域的深层次问题，决定开展经济领域风险预测和对策重大课题调研工作。这是改革开放以后第一次大规模进行维护国家经济安全问题的调查研究。我协助曾培炎同志做了大量组织协调工作，包括研究提出调研的工作方案、重点课题、任务及负责人，指导有关部门明确调研任务和调研成果汇报。这次调研活动涉及财税、金融、农业、国土、外资、外贸、能源、就业等10多个部门。承担调研任务的单位积极配合，半年之内就形成了各课题主报告和分报告等一批有深度、高质量的调研成果。8月6日，江泽民总书记在北戴河主持中央财经领导小组会议，听取有关部门关于经济风险预测和对策研究的汇报并发表重要讲话。1998年2月，由我主持形成的《国家经济安全战略研究》主报告，印发党中央、国务院领导同志和有关部门负责人，产生了较大影响。这次大型经济安全调研活动，摸清了各重要领域存在的风险隐患，提出了应对经济风险的对策措施，也从理论和实际结合上明确了有关领域和行业经济安全的理念、标准和底线，为在深化改革开放中防范经济风险、维护国家经济安全发挥了重要作用。我在此次组织和参与相关领域调研工作中，深化了对经济安全的理论认识和系统思考。

（4）研究金融改革发展问题。随着1996年经济风险预测和对策研究工作的深入开展，我国金融领域的问题越来越清晰。1997年2月底，中央财经领导小组决定召开一次全国金融工作会议，研究部署金融领域的改革发展任务，并决定由中财办牵头成立调研和会议文件起草组，曾培炎任组长，我为副组长，成员是从党中央、国务院有关部门抽调的业务骨干。这对我来说确实是一大考验。我虽然在国家计委这个宏观经济部门工作了16年，负责过许多重要文件的起草工作，但没有从事过金融工作，对金融领域理论知识和实际状况也不甚了解，可以说是个“金融外行”。为此，我挤出一切可利用的时间，系统学习研究金融方面的基本理论和业务知识，召开各种座谈会听取金融专家和主管部门负责人的意见，全面梳理金融领域的突出问题与对策建议。经过几个月的刻苦学习和深入研究，我总体上弄清了金融领域的各种问题所在及其成因，熟悉了金融运行的特点和规律，从众多意见中区分取舍、去粗取精，在大量调研成果的基础上，集中起草组的智慧，顺利完成了文件起草任务。这次全国金融工作会议形成了《中共中央 国务院关于深化金融改革、整顿金融秩序、防范金融风险的通知》（中发〔1997〕19号）。这次负责全国金融工作会议调研和文件起草的工作，使我自身得到很大的锻炼，能力得到提高。

（二）在国务院研究室工作（1998年3月至2008年5月）

1997年9月，党的十五届一中全会选举产生了新一届中央领导成员。党的十五大召开之前，我想调回国家计委工作，已向有关领导同志提出了这个愿望和请求；党的十五大闭幕后，中共中央政治局常委、国务院副总理朱镕基同我谈话，让我去国务院研究室工作。1998年3月，党中央决定由桂世镛任国务院研究室主任，我任副主任。桂世镛同志是我在国家计委时的老领导，著名经济学家，我一直很尊重他。由于当时他已63岁，身体状况不太好，所以朱镕基副总理指示让我多承担为总理服务的任务。

2001年2月，党中央任命我为国务院研究室党组书记、主任。《国务院办公厅关于印发国务院研究室职能配置内设机构和人员编制规定的通知》（国办发〔1998〕68号）规定：国务院研究室是承担综合性政策研究和决策咨询任务、为国务院主要领导同志服务的国务院办事机构。主要职责包括五个方面：①负责起草《政府工作报告》：根据国务院领导同志指示，单独或组织、协同有关方面起草、修改国务院的有关重要文件；起草国务院领导同志部分重要讲话；②对改革开放和经济与社会发展中的重要课题进行调查研究，提出政策性建议；③参与党中央、国务院大型会议的文件起草；④对全国经济形势跟踪研究，收集、分析、整理和报送经济社会生活中的重要综合信息、动态，为国务院决策提供建议和咨询；⑤承办国务院交办的其他事项。

从中央财经领导小组办公室到国务院研究室，是从经济工作向经济、社会、内政、外交等全局性工作的重大转变。这是一个任务更为繁重的全新挑战。

在国务院研究室工作期间，我履职尽责，夙夜在公，加班加点是常态，有时通宵达旦。主要是负责或参加党中央、国务院一系列重要文件和党中央、国务院领导讲话等重要文稿的起草工作。据统计，在国务院研究室工作期间，我主持起草和修改的重要文稿超过3000份，其中有的年份如2003年，一年就有360多份，平均一天1份。我对所有文稿起草工作都持高度负责态度，一丝不苟，精益求精，力求经得起实践和历史的检验。在许多重要文稿起草过程中，我都积极吸取当时学术界的新观点、新见解，自己也经常参加学术会议研讨问题，以提高文稿起草的质量和水平。

在国务院研究室工作的10年多时间里，我主持或组织了一系列重大课题研究工作，形成了一批具有重要影响的研究成果。这里仅举几例。

（1）研究和阐述科学发展观。2003年4月，在全国上

2007年9月11日，魏礼群（二排右六）参加国务院研究室工会组织的室内人员北海公园健步走活动后合影。二排：右五为江小涓，右八为宁吉喆，右七为李炳坤，左四为杨书兵，左五为刘应杰，右四为陈爱清，右三为王敏。前排：右五为鹿生伟，右四为魏敏，右三为孙梅君，右二为向东，右一为王汉章，左四为匡小红，左五为郑文秀。后排：右二为黄守宏，右四为李萌，右七为姜秀谦，左二为陈全生。

下抗击突如其来的非典型肺炎疫情的严峻形势下，中央政治局决定党的十六届三中全会的主要议题是加快完善社会主义市场经济体制。党中央决定让我参加文件起草组。经过起草组反复研究和党中央多次会议审议，党的十六届三中全会通过的《中共中央关于完善社会主义市场经济体制若干问题的决定》（以下简称《决定》）首次明确提出："坚持以人为本，树立全面、协调、可持续的发展观，促进经济社会和人的全面发展。"这是科学发展观重大思想的最初表述。《决定》发布后，有人对"以人为本"提出异议。当时主持《决定》起草工作的中央领导同志转告了我。为了深入研究《决定》中的这个重大思想，我组织国务院研究室人员作了专题研究，对我们党提出的科学发展观的背景和意义、基本内涵和精神实质以及贯彻科学发展观的途径和要求等，从理论和实践的结合上加以分析、概括和阐述。我本人也于2004年4月应邀在空军系统师以上干部培训班上作了以《树立和落实科学发展观》为主题的辅导报告。这个报告被一些报刊转载后，对推动学习、研究和落实科学发展观发挥了积极作用。2004年6月，国家社会科学基金办公室委托我承担重大项目“全面落实科学发展观对策研究”。我组织课题组深入调研，经过2年多的时间形成50多个专题调研报告和6个分课题研究成果。这些成果不仅为党中央、国务院决策提供了重要参考，还由中国言实出版社结集出版了《全面落实科学发展观研究报告》一书，在社会上产生了重要影响与推动作用。

（2）研究和解决农民工问题。农民工是我国改革开放和工业化、城镇化进程中涌现的一支新型劳动大军，对我国经济社会发展和改革开放事业作出了重大贡献。但农民工问题研究是一个薄弱环节。2005年2月，国务院总理温家宝责成国务院研究室牵头组织力量对农民工问题作全面、深入研究，并提出解决农民工问题的政策措施。我和韩长赋（国务院研究室党组副书记、副主任）作为主要负责人，成立了农民工问题专题调研组，成员包括党中央、国务院17个相关部门和8个农民工输出输入大省有关负责人以及农民工问题研究专家。经过10个多月对18个省的紧张调研，召开一系列座谈会和9次调研成果交流会，形成了《中国农民工问题研究总报告》和55个专题报告。在此基础上，起草了《国务院关于解决农民工问题的若干意见》（国发〔2006〕5号）。这个文件系统地提出了解决农民工问题的指导原则和主要政策措施。这是国务院自改革开放以来发布的第一个全面研究解决农民工问题的重要文件，包括是否用“农民工”这个称谓，经过征求研究“三农”问题和农民工问题的专家学者意见，作了明确规定。这个重要文件对正确认识和解决农民工问题发挥了重要作用。调研报告获第十二届孙冶方经济科学奖（2006年）。中国言实出版社把这次大型调研成果汇编出版了《中国农民工调研报告》，我为此书撰写了题为《正确认识和高度重视解决农民工问题》的序言。这本书产生了良好的社会影响，2007年2月在首届中国出版政府奖评选中获奖。中国言实出版社于2016年3月进行了第三次印刷。

（3）研究和推动区域协调发展问题。在国务院研究室工作期间，党中央、国务院在新的历史条件下，对我国区域发展布局先后作出重大决策部署。包括1998年提出西部大开发战略、2004年实施东北等老工业基地振兴战略、2006年制定中部地区崛起规划、2007年制定长江三角洲地区规划；也包括2005年决定天津滨海新区开发开放，以及分别研究制定加快新疆、宁夏等民族自治地区发展的规划；等等。这些区域布局战略和发展规划的提出，我都负责组织调研、论证，从理论和实践角度形成研究报告，为党中央、国务院决策提供依据，有的成果直接写入领导调研时的讲话稿中，有的被用于相关发展规划的研究制定。这些工作既深化了我对国家区域布局理论创新的研究，又为推动区域协调发展实践创新发挥了积极作用。

在国务院研究室工作期间，我积极推动开展优秀科研成果评选，开展提高调查研究水平和提高文稿质量培训等活动。同时，还独自或与有关人员承担了许多其他重大课题研究任务。包括2006年12月按照中央要求，主持我国经济社会发展到2020年的总体目标和战略布局问题研究，加强社会主义民主法制建设问题研究，健全社会公平正义保障体系问题研究，加强社会建设和管理问题研究等，这些都取得了重要研究成果。研究成果主报告在党中央主要领导主持的会议上作了汇报，有的重要观点被吸收进党的十七大报告中，包括建议突出加强生态文明建设，这是我较早提出并被中央采纳的重要思想观点。

五 国家行政学院：发挥优势，开创新局

国务院研究室工作岗位重要，使命重大，在此岗位工作是为党和国家效力、为人民服务的极好机会。但由于在此岗位时间太长，紧张的生活节奏、繁重的工作任务、过大的精神负担，使得我的体力逐渐下降，到后来消化系统紊乱，难以坚持陪同领导人外出考察活动。从2006年初起，我几次主动向国务院主要领导提出离开研究室换个工作岗位，每次都被挽留。2008年3月，新一届国务院成立时，我再次提出换个工作岗位。2008年5月28日，遵照党中央决定，我到国家行政学院担任党委书记、常务副院长（国家行政学院成立以后，历任院长都是由国务院领导同志兼任），此时，我已接近退休年龄。这是我在中南海工作15年之后，又一段值得纪念的很有意义的历程。

成立国家行政学院，是1987年10月在中国共产党第十三

次全国代表大会上提出，并在1988年3月七届全国人大一次会议上作出的决定。国家行政学院于1988年开始筹建，1994年正式成立，为国务院直属正部级事业单位，既是培养国家高中级公务员的新型学府和重要阵地，也是为党和政府提供决策咨询服务的重要智库机构。

我虽然没有专门做过干部教育培训的工作，但对这项工作和国家行政学院有着深厚的感情。早在1996年10月，我就陪同国务院总理李鹏参加过国家行政学院落成暨开学典礼（当时我担任中财办副主任）；2001年12月、2003年9月，又先后陪同国务院总理朱镕基、温家宝到国家行政学院出席省部级干部专题研讨班座谈会。此外，从国家行政学院建立以来，我一直被聘为兼职教授，还讲过两次课。更重要的是，我深知做好干部教育培训和决策咨询工作的极端重要性。特别是深化行政体制改革，推进政府职能转变和管理创新，尤其要大力加强高中级公务员和高层管理人才培训，提高科研和决策研究水平。

2008年5月28日下午，国家行政学院召开副处级和副高级专业技术职称以上人员大会，中央组织部负责人宣布党中央对我到国家行政学院任职的决定。国务委员兼国务院秘书长、国家行政学院院长马凯作重要讲话。

到国家行政学院工作，对我是一个新的考验和锻炼。我不忘初心，牢记使命，忠于职守，全身心投入工作，注重充分发挥优势，把过去长期在党中央、国务院重要部门工作所积累的理论、学识、经验，以及各种资源和广泛的人脉，全部用于国家行政学院事业发展。一方面，坚持正确的办院方向，全面履行学院职能；另一方面，勇于开拓创新，锐意攻坚克难，在学院领导班子和全体干部、教职工的共同努力下，全面开创了国家行政学院工作的新局面，向建设有特色高水平的国际一流行政学院发展目标迈出了重大步伐。2010年12月14日，习近平同志莅临国家行政学院视察并作重要讲话，对学院工作予以充分肯定和高度评价，他指出：党的十七大以来，国家行政学院“围绕建设有特色高水平的国际一流行政学院，坚持解放思想、与时俱进，勇于改革创新、开拓进取，各项工作取得显著成绩，开创了学院发展的新局面”。他还指出，“国家行政学院工作抓得实、抓得系统、有章法、有创新、有亮点，在整个干部教育培训中发挥了不可替代的重要作用”①。这是对我和学院工作的充分肯定与巨大鼓励。

我在国家行政学院主持工作的3年8个月时间里，为学院建设和发展付出了大量心血和智慧。这里仅简要记述与学术研究、科学研究和决策咨询研究密切相关的几个方面。

（1）明确学院发展目标和功能定位。到国家行政学院工作后，我十分重视找准和把握学院发展目标和功能定位。根据国务院领导要求，我把建设有特色高水平的国际一流行政学院作为国家行政学院新的发展目标，这在学院发展史上尚属首次。我经过一段时间调查研究后，针对当时反映出来的问题，明确提出实行“科学建院、民主建院、依法建

① 习近平：《在国家行政学院调研座谈会上的讲话》，《行政管理改革》2011年第1期，第5—6页。

院”的办院方针，深受广大干部和教职工的认同。进一步明确学院的功能定位和发展战略，先后提出把学院办成“两个基地”，即培训高中级公务员、培养公共管理人员和政策研究人员的重要基地，党和国家科学研究和决策咨询的重要基地；充分发挥“三个作用”，即提高公务员综合素质和行政能力的熔炉作用、公共行政理论和政府管理创新研究的中心作用、政府决策咨询的思想库和智囊团作用；构建“四大体系”，即富有鲜明特色和高水平的教学培训体系、科学研究体系、决策咨询体系、开放办学体系；大力实施“五大战略”，即特色立院战略、科学建院战略、质量兴院战略、人才强院战略、从严治院战略。由于明确了学院的发展目标和科学定位，学院的功能作用得到更好发挥，凝聚力、创新力和影响力显著提升。

（2）推动学术创新、理论创新、政策研究创新。着力完善以教学培训为中心、科学研究为基础、决策咨询为支撑的三位一体发展格局，尤其是强化学术研究和决策咨询研究，并使三者密切结合、协调发展、良性互动，收到显著成效。这个三位一体的格局成为国家行政学院的顶层设计与重要特色。

——加强教学培训工作。一是注重提高教学的针对性和实效性。根据党中央、国务院的重大决策和工作部署，特别是围绕应对国际金融危机冲击、提高政府行政能力、加强社会管理和公共服务等重大任务，学院举办了一系列针对性强的省部级领导干部专题研讨班和厅局级公务员、中央企业及金融机构负责人专题培训班。包括经中央组织部同意，恢复举办省部级干部英语强化班，新开办常务副省长（副主席、副市长）专题研讨班、政策研究室主任研讨班、外交干部培训班等。二是大力推进教学改革创新。恢复了学制为1年的青年干部培训班，既为国家培养优秀年轻干部，又完善了学院班次设置布局，打造了教学培训品牌。三是积极为国家行政学院申请硕士、博士学位授予权。国家行政学院成立以后，历届领导班子都为争取让国家行政学院具有硕士、博士学位教育的授予权作了努力，我把这项工作作为学院发展全局的重大任务，从多方面加大了工作力度，加快了申报进程。2010年1月28日，经国务院学位委员会委员投票批准，学院同时获得了硕士、博士学位授予权；2010年9月，博士后科研工作站也成功挂牌；2011年初，获批公共管理一级学科博士、硕士学位授权点。这是国家行政学院发展进程中一个重大的历史性突破。在获得硕士、博士学位授予权之后，学院选任了第一批20名博士生导师，2011年开始第一次独立招收硕士、博士研究生，包括招收公共管理硕士研究生210名，招收博士研究生20名、博士后10名。学院党委决定在研究生部的基础上成立研究生院。四是推动学院教材建设工作。公共管理硕士教材、重点学科教材、港澳和涉外培训教材编写工作都取得新进展。五是开展优秀教学奖评奖活动。2010年，我主持制定了《国家行政学院优秀教学奖评选奖励暂行办法》，2011年初，首次开展建院以来的优秀教学奖评奖工作，这大大激发了教研人员热爱教学培训工作并在提高教学质量上下功夫的积极性和创造精神。

——强化科学研究工作。一是紧紧围绕党和国家中心工作积极开展重大课题研究，鼓励多出精品力作。3年间，学院共承担完成了党中央、国务院及有关部门交办的多项重大课题研究任务，包括应对国际金融危机对策研究、深化行政体制改革研究、建设服务型政府研究、社会管理研究等。特别是开创了应急管理研究，成立了应急管理培训部，与德国等一些国家开展应急管理合作。经申报并经中编办同意，增加30个编制用于应急管理教学培训和研究工作。二是相继创办《行政管理改革》《行政改革内参》两本杂志，经积极争取，获得国家新闻出版署批准，为学院发展、开展科研工作和学术交流搭建新平台。三是整合院内相关刊物，为教研人员、兼职教授和学员交流研究成果提供平台。四是创办中欧社会管理论坛和中国行政改革论坛，支持举办应急管理论坛和电子政务论坛，这些都在国内外引起较大反响。五是主持编写发布《行政改革蓝皮书：中国行政体制改革报告》，填补了国内蓝皮书系列的一个空白。六是主持制定《国家行政学院优秀科研咨询成果评奖暂行条例》，并组织建院以来的首次评奖工作，进一步调动了教研人员投入科学研究工作的积极性。

——创新决策咨询工作。一是提出并经中编办批准成立决策咨询机构。2008年11月，成立决策咨询部（决策咨询研究中心），向中编办申请并获准，专门为学院增加15个参照公务员管理编制。二是创办《国家行政学院送阅件》，直接报送党中央、国务院领导和各有关方面负责人，这成为学院给中央提供决策咨询服务的“直通车”。3年中，共上报《国家行政学院送阅件》和“白头件”440多篇，其中240多

2009年3月10日，魏礼群会见国家行政学院首届优秀科研成果获奖人员。

篇得到党中央、国务院领导的重视并作出批示，受到有关领导和各方面好评。三是积极承担中央部委以及地方政府和企业委托的重大课题，紧紧围绕经济社会发展中的全局性、战略性难点热点问题，组织开展决策咨询研究服务。这期间，我还直接主持过一些重大课题，包括：2009年主持“应对国际金融危机冲击、提高行政能力公信力和服务水平”重大课题研究，2010年主持“广东省行政体制改革研究”课题，2011年主持“加强和创新社会管理”重大课题，都取得有价值、有分量的研究成果，许多成果得到党中央领导重视并批示，推动了理论创新和实践创新。四是重视发挥学员在决策咨询服务中的作用。我经常主持召开座谈会，听取有关学员的意见和建议，鼓励和支持学员撰写咨询研究报告。许多学员通过教学培训撰写了不少有价值、有分量的咨询研究成果。决策咨询工作的加强，使学院发挥了党和政府的思想库作用，明显提升了学院的社会地位和影响力。

（3）全面加强学院队伍建设。一是大力实施“人才强院”战略。加大育才、引才、聚才力度，根据工作需要和德才条件，通过公开招聘等不拘一格的方式，相继培养、提拔、引进一批司局级负责人、学科带头人和业务骨干。每年9月都对新进学院人员进行以“知院·爱院·建院”为主题的教育，使他们“进学院门、做学院人、忠诚学院事业”。二是加强学院各级领导班子建设。充实、调整司处级领导班子，优化班子年龄、知识结构，使一大批年轻优秀干部走上领导岗位。制定培养锻炼、选拔使用、科学管理、评价激励等措施，促进各类人才健康成长。三是加强人才队伍的分类建设和管理，明确部门工作岗位职责。我提出并经国务院领导和有关部门批准，学院增加非领导职数用于专职班主任队伍建设，其中司局级职数17个，处级班主任职数由学院自行确定。经过两次严格的竞争上岗程序，选拔了32名司、处级班主任，他们在加强教学培训的组织管理、提高教育培训工作质量方面发挥了重要作用。同时，健全各类岗位责任和聘期、任期考核办法，完善岗位设置管理制度。四是积极稳妥推进干部人事制度改革。制定与各类人员相适应的选拔使用和激励约束机制，逐步加大竞争性选拔干部力度。2009年9月10日第25个教师节，评选表彰了学院成立以来首批先进集体和个人。五是重视加强学院党风、学风、院风建设。认真开展深入学习实践科学发展观活动和创先争优活动，我提出大兴以“立德立行、求实求新”为核心要求的学风院风，大力支持发展繁荣学院文化，学院的凝聚力、创新力、战斗力不断增强，全院形成了开拓创新、爱岗敬业、甘于奉献、求真务实、团结奋进的良好局面。

我在国家行政学院工作期间的学术活动和成就，集中反映在我的两部著作里，一部是《回眸——在国家行政学院》（上、中、下卷）①；另一部是《建设国际一流行政学院——思考与实践》②。

在国家行政学院的这段经历，使我感到颇为充实、非常愉悦。特别是看到国家行政学院事业蓬勃发展、社会地位和影响力明显上升、各类人才荟萃、在党和国家事业发展中的作用得到充分发挥、广大干部和教职工不断成长进步，我感到十分欣慰、格外高兴。3年8个月时间，这是我在党中央、国务院重要部门工作30年之后，人生旅途上又一段岁月如歌、值得怀念的历程。

六　退而不休：寄情智库，“学术金秋”

2012年1月11日，我在国家行政学院领导岗位“超期服役”2年多后退了下来。学院召开副处级和副高级专业技术职称以上人员参加的大会，宣布党中央的决定，时任国务委员兼国务院秘书长、国家行政学院院长马凯作重要讲话，充分肯定了我在国家行政学院所做的大量工作和重要贡献。

① 2014年9月由国家行政学院出版社出版。

② 2012年5月由国家行政学院出版社出版。

2012年1月12日至10月17日，按照党中央的决定，我参加了党的十八大报告起草工作。这一年，我将主要精力放在参加党的十八大报告起草工作上。2012年2月28日，全国政协十一届常委会第十六次会议审议通过增补我为全国政协委员、全国政协文史和学习委员会副主任。任职期间，我积极参加全国政协各项调研和视察活动。2012年6月底，随同全国政协副主席王刚赴湖南省视察工作。2012年7月5—10日，随同全国政协副主席李金华带领全国政协常委视察团到黑龙江省调研加强和创新社会管理体制机制建设有关情况。2012年9月下旬，随同全国政协主席贾庆林视察江苏省，先后赴江苏盐城、徐州、苏州、南京和山东台儿庄考察，并在南京出席了海峡两岸企业家紫金山首届峰会。2012年11月，在全国政协常委会会议上，我作了题为《科学发展观的重大意义》的大会发言。这些活动为政协建设作出了贡献，也提升了我对政协参政议政工作的认识。2013年8月，党中央正式批准我退休。

"最美不过夕阳红，温馨又从容，夕阳是晚开的花，夕阳是陈年的酒，夕阳是迟到的爱，夕阳是未了的情。"这首赞美人生晚年的歌，情感丰富，寓意深刻，激励着我安排晚年的生活。

我从领导岗位退下来后，党中央、国务院多位领导十分关切地嘱咐，让我继续分享几十年在党中央、国家有关部门工作并直接服务中央高层的知识和经验，有的还提议让我参与有关智库建设工作。我按照党中央领导的指示，退而不休，通过多条渠道、多种形式，继续为党和国家服务。特别是从事学术研究和智库建设活动。近几年，我担任过相关社团组织和智库机构的负责人，并大力组织和开展各类学术活动及课题研究。可以说，我真正迎来了学术生涯的“金秋时节”。

（一）参与领导中国国际经济交流中心工作

中国国际经济交流中心于2009年4月成立，是经国务院批准、民政部注册的国际性经济研究、交流和咨询服务机构，是广泛联系各方面经济研究力量的综合性社团组织，属于国家高端社会智库。主要任务是围绕国际、国内经济方面的重大热点、焦点问题，开展战略性、宏观性、前瞻性研究，提供针对性强、可操作的研究成果。国务院原副总理曾培炎担任理事长。从国经中心成立起，我就应邀兼任中心执行副理事长职务。我在担任国家行政学院主要负责人时，已参与国经中心的重要学术活动和研究课题。我从现职领导岗位退下来后，就按照曾培炎理事长的要求，用更多精力参与负责国经中心日常工作，主管重大课题研究，并担任中心学术委员会主任、《全球化》杂志编委会主任，分管新成立的发展战略研究部、中心博士后科研工作站工作。2014年12月，国经中心换届后，我担任常务副理事长兼学术委员会主任、首席专家。2015年7月，党中央批准国经中心为国家高端智库试点单位。这几年，在曾培炎理事长的领导下，我主要做了以下四方面工作。

（1）调整充实学术委员会。曾培炎理事长高度重视国经中心学术委员会建设。我主持中心学术委员会工作之后，吸收了一些在我国具有重要影响的经济理论专家和实际部门工作者作为中心学术委员会领导成员，充实了中心学术委员会力量；修改中心学术委员会章程，提升中心学术委员会的重要地位和作用。2013年3月1日，主持召开国经中心学术委员会成员调整后的第一次全体会议。在这次会议上，我作了题为《充分发挥学术委员会的作用》[①]的讲话，阐述了深刻认识做好学术委员会工作的重要性，明确了学术委员会工作职责、工作任务和工作方式，提出了做好学术委员会工作的要求。此外，我还多次主持召开学术委员会会议讨论科研课题、专业技术职称晋升和研究成果的评奖。以上这些工作使国经中心学术工作进一步规范化、常态化，逐步发挥出重要作用。

（2）组织重大课题研究。为了将国经中心建设成为有重要影响力的一流智库，曾培炎理事长高度重视重大课题研究工作，为此我作出许多努力，每年组织拟定重大课题的立项、检查、验收。2011—2012年，国经中心共立项12个基金课题，总体来看，各个基金课题都按照立项和任务书下达的要求，较好地完成了研究任务，形成了一批有较高质量的研究成果，同时也锻炼了研究队伍，提高了服务党中央、国务院决策以及服务企业、社会的能力和水平。国经中心的基金课题是组织实施重大课题研究的重要任务和重要抓手，为了搞好这项工作，2012年11月15日，在中国国际经济交流中心2012—2013年度基金课题研究启动会议上，我作了题为《认

① 魏礼群：《建设智库之路》，人民出版社，2014，第480—485页。

真做好重大课题研究》的讲话[①]，强调要充分认识做好重大课题研究的重要意义：做好重大课题研究是国经中心提供决策咨询服务的职责所系，是国经中心建设一流智库的核心所在，是充分发挥国经中心独特优势的重要举措。同时，我提出了开展好基金课题研究的要求：一要注重把握相关课题研究的目的和重点；二要注重提高课题研究的质量和水平；三要注重课题成果的多样性和阶段性；四要树立良好文风，潜心研究，精心写作；五要认真实行课题责任制；六要抓紧组织实施。相比于2011—2012年度基金课题完成情况，2012—2013年度基金课题从选题、立项到课题管理等方面都作了改进和创新：一是更加注重战略性问题研究，选题领域有所拓宽；二是更加注重课题管理规范化，着力提高研究成果质量；三是更加注重课题研究成果转化应用，提高基金使用效益。2013年1月26日，在国经中心第一届基金董事会第四次会议上汇报2011—2012年度基金课题完成情况和2012—2013年度基金课题研究安排情况时，我作了题为《创新基金课题研究管理和成果转化应用》[②]的讲话。2014年11月24日，在中国国际经济交流中心2014—2015年度基金课题研究启动会议上，我作了题为《组织开展重大课题研究是国家高端智库的主要任务》的讲话，强调做好以下几点：第一，组织和开展重大课题研究是国经中心作为国家高端智库的主要任务；第二，做好2014—2015年度基金课题研究工作，更加注重围

① 魏礼群：《建设智库之路》，人民出版社，2014，第463—470页。
② 魏礼群：《建设智库之路》，人民出版社，2014，第471—475页。

绕课题的重点任务开展研究，更加注重提高课题研究的质量，更加注重课题研究成果的多样性，更加注重课题研究成果的转化应用；第三，改进和健全课题责任制；第四，抓紧组织实施课题研究工作。所有这些工作，都对不断提高国经中心科研工作水平和重大课题研究质量发挥了重要作用。近几年来，我还亲自主持了一批重大课题项目，取得了10多项具有较高质量的研究成果。

（3）负责博士后培养工作。博士后科研工作站是国经中心的重要组成部分，做好博士后培养工作也是国经中心的一项重要职能。为了吸收和培养高素质、高水平的科研人员，国经中心成立了博士后科研工作站。从2012年起，每年都招收一批博士后工作人员。2013年3月29日，国经中心举办2012年新进站博士后人员座谈会，我在会上作了讲话①，强调了以下几个问题：一要充分认识国经中心的职能定位和工作特点；二要深刻认识我们国家面临的形势和发展阶段；三要科学认识博士后科研工作的选题和重要意义。并提出了希望与要求：要明确我们科研的目的和方向；要着眼于提高自身的素质和能力；要坚持理论联系实际的方针；要追求高标准高质量高水平。近些年，我每年都负责招收博士后的笔试和面试工作，确保高端人才培养的质量。在国经中心曾培炎理事长和各位领导的关心支持下，博士后科研工作站负责人积极进取，使国经中心博士后工作取得显著成绩，培养了一大批高端专业人才。

① 魏礼群：《建设智库之路》，人民出版社，2014，第486—490页。

（4）办好《全球化》杂志。为构建智库交流的平台，在曾培炎理事长的关心和支持下，国经中心成立不久就成功申请创办《全球化》杂志，着力将其打造成高端智库的重要交流刊物。创刊初期，在郑新立副理事长的主持下，做了大量工作。我到国经中心工作后，开始主持《全球化》杂志工作。为了打开办刊的新局面，我调整、充实了杂志编委会和编辑部人员。2013年4月18日，召开《全球化》杂志新组建编委会之后的第一次会议。会上，我介绍了《全球化》创刊以来的基本情况，并对改进工作提出初步设想：一要突出智库特色，明确刊物定位；二要提高刊物质量，改进栏目设置；三要明确编辑方针，坚持精益求精；四要确定发展目标，制定保障措施；五要组建运营机构，搞好刊物经营发行工作。在此基础上，我于2013年5月发表《〈全球化〉：打造智库期刊金字招牌》[①]一文。近几年，作为《全球化》杂志编委会主任，我坚持做到亲自审定每一期的重要文章，努力提高刊物的质量和社会影响力。

国经中心成立后，每年召开一次经济年会，每2年召开一次全球智库峰会，邀请国内外知名专家学者纵论全球经济和国内经济形势并提出对策建议。近10年来，我每年都参加这些年会，并主持开幕式或作总结演讲。国经中心还定期举办“经济半月谈”活动，我有时也主持会议或发言。这些对提升国家高端智库的吸引力和影响力起着重要作用。

① 刊登于2013年5月21日的《中国新闻出版广电报》上。

（二）创建中国行政体制改革研究会

2010年初，在主持国家行政学院工作时，我就提出并申请成立中国行政体制改革研究会，经国家民政部批准注册成立。中国行政体制改革研究会是一个全国性、非营利性学术团体，主要任务是研究行政体制改革理论与实践，为深化行政体制改革、推进政府自身改革与建设服务。2010年4月17日，中国行政体制改革研究会第一届理事会第一次会议成功举行，我被选为首任会长，2015年起兼任学术委员会主任。2017年6月研究会换届，我因年龄超过70岁，不再担任研究会会长这个领导职务，研究会第二届会长会议决定让我担任研究会执行局主席，仍兼任研究会学术委员会主任。

在主持国家行政学院工作期间，我就重视发挥中国行政体制改革研究会作为思想库的作用；2012年初我退出现职领导岗位后，就用很大精力办好这个研究会，每年都召开研究会会长会议和研究会年会，总结工作，部署任务，举办多种形式的学术研讨、国内外学术交流活动。

在主持中国行政体制改革研究会工作的7年多时间里，我围绕开展高水平学术活动和建设行政领域专业化高质量智库，主要抓了以下几方面工作。

（1）承担和组织开展重大课题研究。为了使研究会获得必要的研究经费和可持续发展，根据研究会章程，通过多种渠道筹集资金，包括建立行政改革研究基金，承担地方、部门、企事业单位委托研究课题，以筹措研究经费。每年根据国家需求和行政体制改革提出的新任务，确定一批重大研究课题，采取招标或委托的方式，组织研究会会员和社会上的专家学者开展研究。7年来，研究会共承担国家社会科学基金重大课题和地方、部门、企事业单位各类委托重大研究课题100多项，形成了一大批具有较高学术价值和使用价值的研究成果，得到党中央、国务院领导批示的重要成果超过60项，其中包括《中国行政现代化体系研究》《大数据治国战略研究》《深化干部人事制度改革研究》《嘉善县域科学发展示范点建设情况的评估报告》等。承担地方、部门、企事业单位委托的咨询研究课题也取得了许多优质研究成果。这些研究成果既提供了决策咨询服务，也形成了一批重要学术著作，为推动我国行政领域学术创新、理论创新、政策创新、实践创新发挥了积极作用。

（2）举办多种学术活动。研究会成立后，连续6年举办大型学术活动——“中国行政改革论坛”，每年论坛的主题都聚焦行政体制改革的难点、热点和重点问题，邀请研究会会员以及各方面研究行政体制改革的理论专家和实际工作者展开深入讨论。在每年论坛上，我都发表主旨演讲，阐述有关行政体制改革的重大理论和实践问题，引领学术导向。每年论坛都产生一大批学术理论成果，并汇编成册，广为传播。“中国行政改革论坛”已经成为中国行政体制改革研究会的重要品牌。同时，研究会还根据深化行政体制改革的要求，经常举办多种形式的小型研讨会，并及时整理形成研究成果，不少研讨会成果都得到国务院领导的重视和批示，转化为领导决策的依据或被吸收到领导讲话中。为了深化行政体制改革学术研究，我还连续6年主编《行政改革蓝皮书：

中国行政体制改革报告》，此书在社会上产生了重要影响。此外，经国家新闻出版总署批准，研究会创办了《行政改革内参》，作为行政改革学术交流的重要渠道和平台。这些年，研究会秘书处还编辑出版了一批学术著作，推进研究会学术研究成果社会化，提升了研究会的学术影响力。

（3）拓展国际学术交流合作。2010年我在担任国家行政学院主要负责人时，就担任了国际行政院校联合会副主席。中国行政体制改革研究会成立后，我即被邀请参加国际行政科学学会和国际行政院校联合会这两个国际性学术组织。我多次以国际行政院校联合会副主席、中国国家行政学院常务副院长或中国行政体制改革研究会会长的名义，出席国（境）外考察活动和国际性会议。包括：2009年8月率领国家行政学院代表团出席在巴西里约热内卢召开的国际行政院校联合会年会，并在会上发表题为《国际金融危机与公共行政》的演讲，而后，顺访委内瑞拉、古巴，与这些国家的相关行政院校、科研机构和部门负责人会晤，宣介中国行政体制改革的进展和成效；2011年6月，率领国家行政学院和中国行政体制改革研究会代表团出席在意大利罗马召开的国际行政院校联合会年会，并在会上发表题为《应对国际金融危机与创新发展》的演讲，而后，访问了欧盟和设立在比利时首都布鲁塞尔的国际行政院校联合会总部，以及联合国秘书处和美国行政学院等机构，进行广泛接触和学术交流；2013年7月，率领中国行政体制改革研究会代表团并以国际行政院校联合会副主席的名义，赴巴林出席国际行政科学学会、国际行政院校联合会2013年联合年会，并访问以色列、德国；2015年7月，率领中国行政体制改革研究会代表团并以国际行政院校联合会副主席的名义，赴法国巴黎参加国际行政院校联合会2015年年会，并访问法国国家行政学院和英国皇家国际问题研究所等几个智库。

此外，2009年4月，我带领国家行政学院代表团访问澳门，发表了题为《澳门腾飞与人才战略》的主旨演讲；在2010年五六月间，我分别以国家行政学院常务副院长和中国行政体制改革研究会会长的名义率团访问香港和台湾地区，与相关高等院校、科研机构开展学术交流。这几次学术交流都取得丰硕成果，每次出访回来都写出访报告，每次的报告都受到党中央、国务院有关领导的重视和批示，有些建议转化为领导决策的依据。

在"走出去"的同时，我还主持了多次在国内举办的

2011年6月，在意大利罗马参加国际行政院校联合会年会期间，魏礼群（中）会见国际行政科学学会主席金判锡（右三）、总干事德洛坦（左三）。右二为国家行政学院国际部副主任董青，右一为研究室副主任丁茂战，左一为办公厅副主任姜秀谦，左二为国际部处长卢晓玲。

国际学术研讨会，包括2011年在国家行政学院举办的“应对国际金融危机和公共行政管理”国际学术研讨会，2012年10月在广州召开的国际行政院校联合会亚太区域行政学院研讨会。通过参加和举办各种形式的国际学术研讨会，积极传播中国声音，讲好中国故事，也注意学习借鉴国际上行政领域的新理论、新实践，充分发挥服务公共外交的重要作用。由于我重视拓展国际学术交流合作，因此有效提高了中国行政体制改革研究会在国内外的知名度和影响力。

2015年1月，经联合国非政府组织委员会审议，中国行政体制改革研究会获得联合国经济和社会理事会“咨商地位”，这有利于我国智库在国际舞台上扩大影响力和话语权，讲好中国故事，积极服务于党和国家外交工作大局。近几年，国内主要媒体经常刊发宣介研究会的重要文章。

2012年11月，党的十八大提出：“坚持科学决策、民主决策、依法决策，健全决策机制和程序，发挥思想库作用。”2013年11月，党的十八届三中全会又提出：“加强中国特色新型智库建设，建立健全决策咨询制度。”按照党中央的要求，我用很大的热情和精力推动研究会致力于新型智库建设。

2013年1月20日，在中国行政体制改革研究会会长办公会议上，我作了题为《努力把中国行政体制改革研究会办成一流的智库》[①]的讲话，明确提出把研究会办成一流智库并强调了几个问题，包括：进一步明确将研究会办成智库的定

① 魏礼群：《建设智库之路》，人民出版社，2014，第408—409页。

位和功能；研究会工作要突出重点，统筹安排；抓好重点课题研究和决策咨询任务；加大研究成果转化力度；改进研究会活动方式；加强宣传推介工作。2013年3月7日，我出席中国行政体制改革研究会秘书处全体人员会议，作了题为《凝心聚力建设一流智库》①的讲话，肯定了研究会成立近3年来取得的成绩，并对研究会未来可能面临的机遇和挑战进行了说明，强调了建设一流智库需要把握的几个方面，要求研究会秘书处加强自身建设。在2013年7月13日召开的研究会第一届理事会第四次会议上，我作了题为《积极开拓创新，为把研究会建成一流智库而奋斗》②的讲话。在2013年12月28日召开的研究会2013年度会长办公会上，我作了题为《从实际出发建设中国特色新型智库》③的讲话，更加明确地提出了加强中国特色新型智库建设需要抓好的重要环节，包括：①确立核心价值理念；②产生重要标志成果；③注重加强能力建设；④坚持推进改革创新。

7年多来，中国行政体制改革研究会在建设一流智库道路上迈出坚实步伐。2015年7月，国家行政学院被中央批准为第一批国家高端智库建设试点单位之一，中国行政体制改革研究会为国家高端智库建设试点单位的重要组成部分。

2017年底，在由中国社会科学院中国社会科学评价研究院进行的中国智库综合评价指标体系评选中，中国行政体制改革研究会入选社会智库第六名。

---

① 魏礼群：《建设智库之路》，人民出版社，2014，第410—419页。

② 同上书，第420—438页。

③ 同上书，第439—444页。

（三）创建新型社会治理智库：北京师范大学中国社会管理研究院/社会学院

人生在世，确有不少因缘际会。2008年5月，在我离开国务院研究室到国家行政学院工作后，就收到几个大学和科研机构负责人的邀请，希望我去他们那里任职特别是主持决策咨询研究工作，但都被我一一婉拒。2010年暑假后，第九届、第十届全国政协副主席罗豪才邀请我去北京大学担任拟成立的一个学院的院长；此时，北京师范大学党政主要负责人也向我发出邀请，并于2010年10月7日，学校党委常委会议作出决定，聘任我为新成立的中国社会管理研究院院长。我考虑到北京师范大学是我的母校，回报和服务母校是理所应当的，而且我在国家计委和国务院研究室工作时，积累了社会建设和社会管理方面的知识，2007年我还在国务院研究室工作时，就被北京师范大学聘为兼职教授和博士生导师。因此，经与教育部部长袁贵仁商议和报经国务委员兼国务院秘书长、国家行政学院院长马凯同意后，我答应了北京师范大学的邀请。2011年5月7日，北京师范大学中国社会管理研究院成立大会暨首届中国社会管理论坛隆重举行。第十届全国人大常委会副委员长顾秀莲、第十一届全国政协副主席陈宗兴，以及北京师范大学党委书记刘川生、校长钟秉林等领导出席会议，正式为我颁发了院长聘书。

这时候，党中央、国务院更加重视中国特色社会主义社会管理体系建设。党的十七大明确提出“完善社会管理”“推进和谐社会建设”。党的十七届五中全会进一步作

2011年5月7日北京师范大学中国社会管理研究院成立大会暨首届中国社会管理论坛。台下：右二为第十届全国人大常委会副委员长顾秀莲，左二为第十一届全国政协副主席陈宗兴，右一为魏礼群，左一为北京师范大学党委书记刘川生。主席台：左一为北京师范大学校长钟秉林，左二为教育部副部长杜占元，左四为中国社会科学院院长王伟光，右二为中央政策研究室常务副主任何毅亭。

出“加强和创新社会管理”的战略部署，决定把社会管理及其创新摆到突出的战略位置，作为社会主义现代化建设的重大任务。这对社会管理人才培养、科学研究和政策咨询等方面的需求更加迫切。国务院领导对北京师范大学成立中国社会管理研究院予以高度重视。北京师范大学中国社会管理研究院是顺应国内外形势发展，在国务院领导的直接关心和支持下成立的。

我与北京师范大学校领导同志经过认真研究，明确提出了中国社会管理研究院的办院定位、院训和职能。中国社会管理研究院的定位是：服务中国特色社会主义事业发展，吸引、汇聚国内外相关领域资源，开展多学科合作，面向现代化、面向世界、面向未来，致力于建设研究型、创新型、开放型研究院，成为培养社会管理高层次人才的教育基地，成为中国社会管理领域具有一流水准和重要影响力的思想库，成为北京师范大学建设世界知名高水平大学、服务国家战略与社会发展的重要平台。中国社会管理研究院秉承北京师范大学“学为人师，行为世范”校训，践行“厚德、唯实、创新、卓越”院训，履行“育人、科研、资政、合作”基本职能。

中国社会管理研究院成立之后，瞄准国家重大需求和学术前沿，创新科研资政工作，服务党政决策。围绕创新社会治理和深化社会体制改革等重大问题开展学术研究和决策咨询，效果比较显著，社会影响广泛。2014年，北京师范大学党委作出将中国社会管理研究院建成中国特色新型社会治理智库的决定，并将其列入国家级智库建设培育计划。这为中国社会管理研究院的建设和发展提供了重要机遇。中国社会管理研究院以此为契机，认真贯彻中共中央办公厅、国务院办公厅印发的《关于加强中国特色新型智库建设的意见》，以服务党和政府决策为宗旨，以政策咨询研究为主攻方向，以完善组织形式和管理方式为重点，以改革创新为动力，充分发挥中国特色新型智库咨政建言、理论创新、舆论引导、社会服务、公共外交等重要功能，产出多样化、持续性和高质量的标志性成果，努力建成中国特色新型专业化高端智库。

在党中央关于加强和创新社会管理的战略决策指引下，全国许多高校都在加快社会学学科建设，培养社会学人才。北京师范大学也希望加快社会学学科建设，培养更多社会学学科高端人才。2014年10月，学校领导提出将哲学与社会学院分离出来一个社会学院，并聘请我兼任社会学院院长。开始时我觉得自己年纪大、社会学知识储备不足，难以承担。经过学校领导一再劝说，加上我也考虑到北京师范大学是个百年名校，100年前成立之初就设立了社会学学科，后来由于多种原因，社会学学科建设长期落后于其他一些高等学校。为了帮助母校加快社会学学科建设，同时，我也考虑到在大学里办社会治理智库应当促进社会学学科建设，使两者相辅相成，于是就答应了下来。

2015年3月15日，北京师范大学社会学院成立大会暨新型社会治理智库建设研讨会隆重举行。新成立的社会学院与2011年5月成立的中国社会管理研究院实行“一个实体，两块牌子”，作为新型社会治理智库一体化建设。这意味着两副重担一肩挑，既建设新型社会治理智库，又建设一流社会学学术重镇。第十届全国人大常委会副委员长顾秀莲，北京师范大学党委书记刘川生，北京师范大学党委副书记、校长董奇共同为社会学院揭牌，我被聘任为社会学院首任院长。在社会学院揭牌仪式上，我提出北京师范大学社会学院应履行四个方面的职能与使命：一是推进学术创新和理论创新，加强学科建设，为完善和发展中国特色社会学作出贡献；二是提高教学质量和育人能力，培养社会领域专业人才，为我国社会建设和实现社会治理现代化提供人才支撑；三是参与社会治理智库建设，围绕党和国家战略需求，开展科学研究和政策研究，承担社会服务；四是加强社会文化传承与创新，推动社会文明进步。同时，我提出，办好社会学院，需要把握好五个原则：一是坚持正确的政治方向和学术方向；二是坚持尊重学科发展的内在规律；三是坚持理论与实际相结合；四是坚持创新治理体制机制；五是坚持实施人才强院战略。

新成立的社会学院与建设中的中国社会管理研究院，既加强社会学学科建设，又加强社会治理智库建设，这是北京师范大学深化教育领域改革、推进体制创新的重要探索。智库建设与学科建设密不可分，建设高水平的社会学院与建设高质量的社会治理智库相互促进、相得益彰。

中国社会管理研究院/社会学院成立以来，我着重做了以下几方面工作。

（1）咨政建言。7年来，我带领智库研究团队围绕党和国家的重大战略需求，承担了多项国家级重大课题研究，包括：国家社科基金特别委托重大项目“中国当代社会管理创新与国家科学发展战略”（2010年）、教育部哲学社会科学研究重大攻关项目“社会管理体制创新研究”（2011年）、国家社科基金特别委托重大项目“中国社会管理创新研究信息库建设”（2013年）、国家社科基金重大专项项目“习近平社会治理思想研究”（2016年）、国家社科基金特别委托重大项目“新中国70年社会治理研究”（2018年）。在开展重大课题及相关问题的研究中，组织撰写了一批社会治理方面的重要研究咨询成果，许多成果获得党和国家领导人的重要批示和转化为决策依据。例如：《关于增设社会管理为国家一级学科的建议》（2012年10月）、《关于改革学科建制和提升社会学地位的建议》（2014年7月）、《关于加快青年诚信体系建设的建议》（2015年6月）、《提高社会治理水平 决胜全面小康社会》（2016年7月）、《党的十八大以来中国社会治理的新进展》（2017年7月）、《新时代坚持和发展“枫桥经验”的建议》（2018年7月）等，对推动中国社会治理理论创新、学术创新、政策创新和实践创新产生了积极影响。近几年，我还在中国社会管理研究院/社会学院内部立项研究课题，组织教研人员承担咨询研究项目，取得了一批具有较高价值的学术研究和实践应用成果。经我指导、审改并呈报的研究报告超过70份，不少研究成果获得了党和国家领导人的重要批示。在社会治理决策咨询方面的研究成果，既是我多年在党和国家综合政策研究部门经验的积累、延续和升华，更是对我国经济社会发展时代前沿问题的敏锐捕捉和探索。

（2）建设中国社会管理创新研究信息库。2013年5月24日，全国哲学社会科学规划办公室批准“中国社会管理创新研究信息库建设”为2013年度国家社会科学基金特别委托重大项目，责任单位为北京师范大学，我为项目首席专家。创建内容丰富、结构完整、方法科学、数据翔实的中国社会管理创新研究信息库，不仅是服务我国社会管理理论研究的长远需要，更是推进我国社会管理创新实践的迫切需求。信息库的主体架构包括五个子库：研究成果库、基础文献库、统计数据库、创新案例库、人才机构库。主要涵盖三大方面内容：一是中国社会管理创新重大现实的理论、实践和对策研究，全面收集各方面的社会管理创新案例和有关资料，推动理论创新、实践创新和从事对策研究；二是广泛收集古今中外有关社会管理方面的文献和历史资料，并作全面、深入对比分析研究，建立一个开放的、动态的、系统的、科学的社会管理问题研究数据库，为社会各界提供支撑研究的基础资源；三是建立社会管理和社会建设人才数据库，掌握国内外相关知名专家的资料，跟踪前沿动态，加强交流合作。中国社会管理创新研究信息库建设，预期产出多样化、持续性和高质量的标志性成果，包括各种资料汇编、调研报告、政策建议、决策咨询、学术论文专著、年度报告、案例采集、国际学术研讨会等，既体现现实性、紧迫性、战略性、长期性、累积性特征，也体现动态开放性，还会充分利用外译资源，让研究成果走向世界，做到出思想、出成果、出人才、出效益。

（3）组织编写《当代中国社会大事典（1978—2015）》。为了全面、系统地反映改革开放进程中社会领域的理论创新、体制创新、政策创新和实践创新成果，真实记录这一时期社会领域改革发展的演变脉络、重大事件和辉煌成就，以铭记当代中国社会变迁历史，弘扬改革创新精神，持续推进社会主义现代化建设，2013年3月，我提出并组织编写了大型文献图书《当代中国社会大事典（1978—2015）》（以下简称《大事典》）。此图书由国家出版基金资助，并于2017年12月由商务印书馆和华文出版社联合出版。组织编写这部《大事典》，主要有三个方面的考虑。一是国内外已出版一系列反映中国改革开放30多年来的历史进程和主要变化的鸿篇巨制，但多为经济领域的，社会领域的还较少，特别是尚无以“事典”这种特殊体例全面、系统地反映改革开放以来中国社会领域历史演变，以及记述社会领域改革发展伟大成就的大型图书。二是社会领域改革发展是中国特色社会主义事业建设总体布局的重要组成部分，党和国家越来越重视，人民群众的期盼越来越强烈，迫切需要一部集史料性与研究性为一体的对当代中国社会演变作出全面、系统、权威的汇总和阐释的书，以指导和推动相关方面的科研、教学和决策咨询服务工作，更好地服务于社会领域的改革发展。三是编写《大事典》是“中国社会管理创新研究信息库建设”这一重大项目的重要内容，也是北京师范大学打造国家新型社会治理智库的重点工程。这部《大事典》从创意、策划、立项到组织、编写、统改、审定，历经3年时间，共计320余万字，规模宏大、内容丰富，是一项高校、科研机构、政府机关等多个单位联合攻关的集体智慧结晶。

这部《大事典》兼具学术理论创新、实践经验总结、体制制度变迁综述等多方面的特征，并在功能定位、理论视角和研究方法上具有重要创新，主要体现在三个方面。①编写体例和编写规范创新。这部大型文献图书采用“事典”体例，是经过深入研究思考的。《大事典》编写采用“事典”体例富有特色，全方位、全景式地阐释了当代中国社会领域有关改革发展的新观点、新理论、新举措，重大决策、重大工程，重要法律法规、重要文献和重要事件，全面反映了改革开放以来中国社会领域的学术创新、理论创新、政策创新、制度创新和实践创新，以及巨大变化和辉煌成就，是一种写作体例和表达方式的创新。②编写视角和编写方法创新。《大事典》编写主要采用历史学、社会学、公共管理学、政治学和制度学等跨学科的研究视角，不仅重视对事件发生过程的陈述，而且重视导致事件发生的历史背景及现实意义。跨学科研究方法的采用，使《大事典》突破了简单罗列和史料堆砌的局限。对于事件发生的历史背景和现实意义的深入剖析，有助于《大事典》使用者更清楚地认识社会现象的本质和意义。③编写内容和框架设计创新。《大事典》编写紧紧围绕开创和发展中国特色社会主义这条社会变迁历程的主线，涵盖了当代中国各社会领域，包括社会结构、社会形态、社会建设、社会体制、社会治理和社会生活等全方位的历史性巨变，这样的内容和框架设计别具一格，令人耳目一新。这部《大事典》荣获北京市第十五届哲学社会科学优秀成果一等奖。

2018年7月，在国家社科基金特别委托重大项目“新中国70年社会治理研究”启动研究工作后，我又提出并组织继续编撰《当代中国社会大事典（1949—1978）》，即新中国成立后30年社会大事典。编委会召开了多次会议，已形成初稿。

（4）举办中国社会治理论坛。北京师范大学中国社会管理研究院成立后，就着力强化社会治理领域学术创新、理论创新、科研方法创新，努力打造在国内具有较高知名度和较大影响力的高校智库。我提议并做到每年都举办一次以社会治理为学术品牌的中国社会治理论坛，每次论坛都聚焦社会治理领域的热点、难点和重点课题，邀请社会治理理论界专家和实务界工作者，深入研讨，集思广益，形成智力成果。

2011年5月7日，第一届中国社会管理论坛由北京师范大学主办、联合国开发计划署驻华代表处协办。论坛的主题是“中国特色的社会管理理论与实践创新”，并设置了“中国特色的社会管理体系建设”“社会管理创新实践”两个分论坛。

2012年5月27日，第二届中国社会管理论坛由北京师范大学中国社会管理研究院、中共北京市委社会工作委员会和中共廊坊市委联合举办。论坛的主题是“深化社会体制改革与推进科学发展”，并设置了“中国特色社会主义社会体制”“社会体制改革与社会管理创新”“社会管理创新与实践”“流动人口与社区治理”四个分论坛。

2013年5月25日，第三届中国社会管理论坛由北京师范大学中国社会管理研究院、中共北京市委社会工作委员会和中国社会工作协会共同主办，巨人教育集团协办。论坛的主题是“贯彻十八大精神，加快社会体制改革”，并设置了“社会管理体制和机制建设”“提高社会管理科学化水平”“加快形成现代社会组织体制”三个分论坛。

2014年5月18日，第四届中国社会治理论坛由北京师范大学中国社会管理研究院、中共北京市委社会工作委员会、中国社会科学院社会学研究所、中国社会工作协会、清华大学社会科学学院联合主办。论坛根据党的十八届三中全会提出的新思想、新要求、新部署，把“中国社会管理论坛”改为“中国社会治理论坛”，以“创新社会治理体制”为主题，并设置了“改进社会治理方式”“加强法治社会建设”“激发社会组织活力”“健全公共安全体系”“完善社会保障制度”五个分论坛。

2015年5月17日，第五届中国社会治理论坛由北京师范大学中国社会管理研究院、中共北京市委社会工作委员会、中国社会科学院社会学研究所、中国社会工作联合会、厦门市人民政府联合主办。论坛以“创新社会治理，建设法治社会——‘十三五’建言”为主题，并设置了“法治社会建设与全面建成小康社会”“法治社会建设与国家治理现代化”“法治社会建设的目标、任务与路径”三个分论坛。

2016年7月17日，第六届中国社会治理论坛由北京师范大学中国社会管理研究院、中共北京市委社会工作委员会、中国社会工作联合会、清华-布鲁金斯公共政策研究中心联合举办。论坛以“创新社会治理 决胜全面小康”为主题，并设置了“新发展理念与创新社会治理”“新型城镇化与创新基层社会治理”“传承历史文化与中国现代社会治理”“全面建成小康社会与推进社会治理精细化”“大数据与社会治理现代化”五个分论坛。

2017年7月2日，第七届中国社会治理论坛由北京师范大学中国社会管理研究院、中共北京市委社会工作委员会、中国社会工作联合会、清华-布鲁金斯公共政策研究中心联合举办。论坛以“社会治理：新思想、新实践、新境界”为主题，并设置了“新发展理念与创新社会治理”“基层社会治理的创新实践”“传承历史文化与中国当代社会治理”“诚信社会建设与社会治理创新”“新互联网与社会治理创新”五个分论坛。

2018年7月7日，第八届中国社会治理论坛由北京师范大学中国教育与社会发展研究院、中共北京市委社会工作委员会、中国社会工作联合会联合举办。论坛以“社会治理：40年改革开放回顾与新时代展望”为主题，并设置了“社会治理40年历史变革与新时代新征程”“社区建设与社会治理创新”“乡村振兴与社会治理”“互联网社会与社会治理创新”四个分论坛。

中国社会治理论坛已经成为具有较高品牌效应和社会影响力的智库平台，彰显了鲜明特色。

（5）创办《社会治理》杂志。为了给新型社会治理智库拓展学术研究和交流成果的平台，2014年8月初，我向当时的国家新闻出版广电总局领导提出创办《社会治理》杂志的请求，并立即得到同意按程序申办的答复。经申报于2014年8月28日获国家新闻出版广电总局批准，由教育部主管、北京师范大学主办、北京师范大学中国社会管理研究院承办，由我担任杂志编委会主任。创办《社会治理》杂志得到多位党中央、国务院领导和有关部委负责人及许多知名专家的关心与支持。《社会治理》杂志是我国第一本全面关注社会治理理论研究与实践探索相结合的综合性、权威性、创新性专业期刊，是集思想性、学术性、应用性、知识性于一体的刊物。《社会治理》的办刊宗旨是：服务国家战略需求和党政决策，聚焦社会治理领域重大问题，围绕全面加强社会建设、深化社会体制改革、健全社会治理体系、创新社会治理方式、提升社会治理能力，深化理论研究，总结实践经验，积极咨政建言，提出决策咨询建议，推进学术创新和学科建设，繁荣和发展中国特色社会学、公共管理学，注重提高质量，务求办成精品，为推进国家社会治理体系和治理能力现代化、建设社会主义和谐社会提供理论支撑和智力支持。《社会治理》杂志的主要任务有两个：一是服务加强和创新社会治理，推进社会治理体系和治理能力现代化；二是服务加强和推动新型社会治理智库建设，搭建一个社会治理研究和成果交流的平台。也就是，发社会治理智库之声，助和谐社会建设之力。

为了办好《社会治理》杂志，我提出必须牢牢把握以下原则。一是坚持正确方向，服务国家大局。牢牢把握中国特色社会主义方向，遵守国家法律法规，始终以维护人民利益和国家利益为出发点，立足中国国情，体现中国特色、中国风格、中国气派。始终围绕国家大局、服务中心，推进社会治理领域战略性、前沿性、政策性研究，为提高社会治理水平、建设和谐社会提供正能量。二是坚持联系实际，求真务实。以科学理论为指引，紧紧围绕社会建设和社会治理中的重要问题，深入开展调查研究，说真话、讲实情，尊重群众首创精神，提倡多想、深思，大胆探索、实践和创造，推进理论创新、学术创新、制度创新、实践创新，提供专业化、建设性、切实管用的政策建议。三是坚持百花齐放，百家争鸣。鼓励解放思想、实事求是，弘扬科学精神，提倡独立思考，唯真理是从，唯国运顿首，提倡不同学术观点、不同对策建议进行平等讨论、切磋争鸣，努力营造平等、民主、兼容、创新的学术氛围。四是坚持改革创新，突出特色。注重用改革的办法和创新的精神办刊，改革创新体制机制，优化治理结构。主动适应移动互联网时代的媒体融合趋势，充分运用多媒体技术和移动传播技术，同步建设纸质载体、专业网站和移动终端，精心组织传播和互动活动。充分发挥高校建设新型智库的优势，彰显社会治理智库特色，推动高校服务社会能力整体提升，把刊物办成具有较强传播力、公信力和影响力的新型智库媒体。

（6）指导撰写《社会体制蓝皮书》。党的十八大报告提出，加强社会建设，必须加快推进社会体制改革。社会体制改革成为我国全面深化改革的重要组成部分。

在这个大背景下，我提议并谋划定期编写《社会体制蓝皮书》，在中国行政体制改革研究会和社会科学文献出版社的共同支持下，2013年中国社会体制改革方面的第一本蓝皮书应运而生，并成为“中国社会治理智库丛书”的重要组成部分。这本蓝皮书以探索社会建设和社会体制改革创新的规律，培养高素质的社会建设和社会治理研究队伍为重要任务。《社会体制蓝皮书》由国家行政学院社会治理研究中心和北京师范大学中国社会管理研究院共同组织编写。国家行政学院社会治理研究中心主任龚维斌教授担任主编，北京师范大学中国社会管理研究院/社会学院党总支书记兼副院长赵秋雁教授担任副主编。《社会体制蓝皮书》的内容主要包括四个方面：一是全面分析上一年度社会体制的改革发展状况，并在此基础上分析和预测下一年的运行和发展状况；二是客观分析社会体制改革遇到的主要问题；三是提出具有科学性和可操作性的思路和对策建议；四是开展实证调研，对全国各地有代表性的改革做法予以梳理和总结。《社会体制蓝皮书》致力于让学界和社会各界及时、准确地了解本领域的改革方向和政策措施，希望能够为各级政府决策提供参考依据，更好地发挥社会科学在加快推进我国社会建设中的思想库作用。《社会体制蓝皮书》以社会体制改革为主题进行专门系统的研究，具有较高的学术创新价值和政策实践意义，形成了良好的社会影响和品牌效应。有专家评论指出：《社会体制蓝皮书》是一部社会治理领域颇有影响力的研究成果，资料翔实，有理有据，论述平实流畅，可读性强，作者是相关领域的领导干部、专家学者，具有较高的权威性。自2013年起，《社会体制蓝皮书》正式出版发行，每年出版一本。目前，已经连续出版6年，其品牌效应和社会影响日益增大。其中，《社会体制蓝皮书：中国社会体制改革报告NO.4（2016）》和《社会体制蓝皮书：中国社会体制改革报告NO.5（2017）》分别获得第七届和第八届优秀蓝皮书二等奖。

在着力抓好以上六个方面工作的同时，我还围绕建设一流社会治理智库和建设一流社会学学术重镇，联系校内外有关人员进行了其他重要活动，包括开展跨学科的“百村社会治理调查”，已覆盖22个省（市、区）60多个村落；主持编写《中国社会治理通论》，此书获国家出版基金资助，并被推荐申报中华学术外译项目。

经过艰辛探索和不懈努力，北京师范大学中国社会管理研究院/社会学院得到快速发展，办院能力和水平受到各方面关注与重视。2016年10月，中共中央宣传部副部长、国家高端智库理事会理事长王晓晖到北京师范大学实地考察调研，称赞中国社会管理研究院/社会学院取得明显成绩，为建设国家高端智库奠定了坚实基础。在此基础上，北京师范大学党政领导将中国社会管理研究院/社会学院作为新成立的中国教育与社会发展研究院的重要组成部分，申请成为国家高端智库试点单位，并于2017年9月被批准为国家高端智库建设培育单位。2018年2月6日，在上海社会科学院智库研究中心发布的《2017年中国智库影响力评价与排名》中，北京师范大学中国社会管理研究院/社会学院荣列社会类智库专业影响力第10名。

2016年10月20日，中共中央宣传部副部长、国家高端智库理事会理事长王晓晖（中）到北京师范大学中国社会管理研究院/社会学院（中国社会治理智库）考察。右四为魏礼群，左四为北京师范大学党委书记刘川生，右三为北京师范大学校长董奇，左三为全国哲学社会科学工作办公室主任佘志远，左二为全国哲学社会科学工作办公室副主任操晓理，左一为朱红文，右二为赵秋雁，右一为康震。

（四）助推其他专业化智库发展

党的十八大以来，以习近平同志为核心的党中央高度重视并采取一系列政策措施支持新型智库建设，中国智库建设进入一个崭新的发展阶段。近几年，我在将主要精力用于上文介绍的三大新型智库建设的同时，还应有关方面邀请，先后直接或间接地参与了一些专业化新型智库建设。

2015年初，国家旅游局局长李金早提出要成立中国旅游智库，并逐步构建旅游智库群，邀请我担任中国旅游智库专家委员会主任，为中国旅游业发展提供决策支持。2015年10月19日，我在中央组织部、国家旅游局、国家行政学院联合举办的省部级领导干部促进旅游业改革发展专题研讨班上作了题为《全面建设世界旅游强国》的授课，全面估量了我国旅游业的发展现状，阐述了科学认识旅游强国的基本内涵和世界旅游强国发展的主要经验，分析了我国建设旅游强国的机遇与挑战，预见性地提出了全面建设世界旅游强国需要实行的重大战略和重大措施。这次授课受到学员们和旅游系统干部的高度评价。2016年1月29日，我应邀在全国旅游工作会议上作题为《大力发展旅游业 推进旅游强国建设》的学术报告。报告强调大力发展旅游业是关乎国家发展全局和长远的战略决策，应切实以新发展理念引领旅游业健康发展，并提出五点建议：一是实施创新发展，着力提升旅游业发展质量；二是实施协调发展，着力提升旅游整体发展水平；三是实施绿色发展，着力提升旅游生态文明价值；四是实施开放发展，着力构建旅游业开放新格局；五是实施共享发展，着力推动旅游普惠民生。同时，还提出应把握好六个关键环节：一是认真制定旅游业中长期发展规划；二是积极推动旅游业供给侧改革，紧盯旅游市场结构变化，优化旅游产品结构；三是进一步加大旅游业投入力度，加大财政对旅游基础设施建设的支持，包括深入持久开展"厕所革命"，提高旅游文明程度；四是全面深化旅游业改革开放，推进旅游市场放开放活，全面深化旅游企业改革，加快建设一批具有国际竞争力的旅游企业集团，深化旅游管理体制改革，推进国家旅游治理现代化，改革和完善法定假期制度，合理享用旅游业资源；五是大力整顿规范旅游市场秩序，转变旅游监管方式，健全完善诚信体系，引导游客理性消费；六是更加重视旅游宣传营销推介。

2015—2016年，我受国家旅游局委托，组织中国行政体制改革研究会和其他有关专家在深入调研的基础上，协助研究制定国家"十三五"旅游业发展规划和到2050年中国旅游业发展战略，形成两份研究报告。这两个课题研究都取得了令委托单位满意的重要成果，为制定国家"十三五"旅游业发展规划和长远发展战略提供了重要智力支持。

光明日报社在助推新型智库建设中，走在全国媒体的前列。2014年12月25日，光明日报社开创了全国平面媒体中首份以"智库"命名的专刊《智库》，在研究报道中外智库建设情况、发布各类智库成果、开展相关社会活动等方面，都取得了突出的成绩。在《智库》周刊创刊一周年之际，我发表了《作为我国智库建设中的"短板"，社会智库急需提升发展水平》一文，对发展社会智库提出意见和建议，这是推动国家出台社会智库政策的一篇重要文章。我在文中提到，从国家层面看，提升社会智库的发展水平要从两方面着手，即在积极为社会智库建设营造良好的发展条件和环境的同时，要加大对社会智库建设的支持力度。

为了更好地服务中国特色新型智库建设，打造媒体智库高端平台，2016年9月28日，光明日报智库研究与发布中心学术委员会正式成立，我受邀担任该学术委员会主任。我与学术委员会副主任、中央党史研究室副主任冯俊，国防大学战略教研部主任任天佑，中央党校原副校长张伯里，北京师范大学校长董奇，中国社会科学院学部委员、副院长蔡昉等来自部分国家高端智库及其他各类智库的代表共同出席成立会议。会上我以《要创新智库建设模式》为题致开幕词，明确指出了光明日报智库研究与发布中心成立学术委员会并做好学术委员会工作的多方面重要意义。此后，光明日报编委会更加重视新型智库建设，在已有光明日报智库研究与发布中心的基础上，创办光明智库，我被聘任为光明智库学术委员会主任。2017年4月18日，光明日报思想理论融媒体传播工程启动暨光明智库揭牌发布会在北京召开，标志着光明智库发展正式迈入新阶段。我对努力建设光明智库提出了几点看法：建设高质量光明智库是更好服务党和国家事业发展的需要；明确职责使命是建设高质量光明智库的基本要求；着力提高研究水平是建设高质量光明智库的关键所在。在此次会议上，有中宣部、教育部、财政部、中央网信办的相关领导，多家中央新闻单位、中央重点新闻网站负责人及理论界、智库界专家等百余人出席，这是光明智库得到国家以及社会各界人士高度认同的最好证明。

2017年11月30日，电子期刊《光明智库》创刊，我作为光明智库学术委员会主任应邀撰写了发刊词《在新起点抒写为新时代建言》。2017年12月20日，光明日报和南京大学联合主办2017中国智库治理暨思想理论传播高峰论坛，我应邀作了题为《新时代开启新征程 新方位呼唤新作为》的主旨演讲。在这次论坛上，光明日报总编辑张政、南京大学校长陈骏作了致辞，还举办了2017智库成果发布会和理论热点讨论会。

以推动改革为主要使命的中国（海南）改革发展研究院于1991年成立后，在我国著名改革家、第九届全国政协副主席陈锦华，国家体改委副主任高尚全和院长迟福林的带领下，全体职工齐心协力，筚路蓝缕，勇于创新，逐步将研究院打造成为国内外知名的改革智库。2015年初，因中国（海南）改革发展研究院董事局主席高尚全年届86周岁，需要一个接替的人，陈锦华副主席便推荐我担任董事局主席。我虽多次婉辞，但由于老领导一再劝导以及高尚全同志、迟福林同志的邀请，经过董事局会议批准，我担任了中国（海南）改革发展研究院董事局主席。一年之后，由于中国（海南）改革发展研究院改革内部治理结构，不再设立董事局，我也就不再担任董事局主席，改任中国（海南）改革发展研究院新设立的决策咨询委员会主任。多年来，我一直关注和支持中国（海南）改革发展研究院发展，近些年更多次参与该院的各种学术活动。

中国言实出版社是国务院研究室主管的国有文化企业，

从2015年下半年起，其开展了中国政策专家库建设。这是由财政部中央文化企业资产管理办公室于2014年批准立项、国务院研究室主管、中国言实出版社主办的专业性政策研究资源库。该专家库旨在根据党中央、国务院关于加强中国特色新型智库建设的文件精神，搭建国务院研究室和社会智库沟通联系的学术研究平台。为了搞好中国政策专家库的建设与运营，经国务院研究室党组研究批准，成立中国政策专家库专家委员会并聘请我为专家委员会主任，中央农村工作领导小组原副组长、办公室主任陈锡文和原农业部党组副书记、常务副部长尹成杰为副主任。这个专家委员会成立后，按照建设项目式新型智库的要求，多次开展学术研讨活动和决策咨询服务活动，形成了一些决策咨询研究成果，受到党中央、国务院领导的重视。

2017年4月，新华社所辖中国财富研究院作为中国财富传媒集团智库平台成立，我被聘为研究院院长，并在与美国著名智库彼得森研究所联合举办的中美经济论坛上作主旨演讲，促进了中美两国智库间的交流。

贰

主要研究领域和学术成就

回首学术研究生涯，可以清楚地看到，我40年来的学术探索、理论研究的轨迹与中国改革开放的历程息息相关，与中国特色社会主义的丰富和发展同历程、共频振。一是经历了实践—认识—实践—认识的螺旋式上升的过程，具有鲜明的问题导向、需求引领特色。我的研究紧扣时代脉搏，紧紧围绕党和国家的中心工作，从具体领域的问题入手，注重古今中外文献的学习和去粗取精，更注重深入基层调研，由此得到真知，并将其用于重要文件与重要讲话的起草中，服务于正在进行的改革开放和现代化事业。二是经历了由履职研究到自主研究的转变。我的学术研究一直以履职中正在做的事情为导引，都是为党和国家领导决策需要提供理论与政策依据。因此，我所写的文章总能做到理论与实际相结合，分析问题与政策研究相融合。正是这样的研究特点，让我从中央国家机关岗位退休后，关注领域更宽，自主选题研究更多。譬如，对习近平关于社会治理重要论述的研究，这是一个我自主提出研究，之后获得全国哲学社会科学规划办公室支持的重大研究专项。我不仅系统地梳理了习近平关于社会治理重要论述的丰富内涵，而且较早地提出了习近平关于社会治理重要论述的新思想、新境界。因此，多年来有些中央领导和同事称我为“学者型领导干部”或“专家型领导干部”，对这两个称谓我是认同的。同时，由于我的工作经历和职业岗位性质，凡是实际工作中需要研究的问题，我都进行知其然并知其所以然的深入研究。

我的学术研究是多领域、多方面的，大体说来，主要是应用经济学、公共管理学、社会学；同时，也涉猎智库学、教育学等方面。概括起来，我的研究领域和理论贡献主要有以下十个方面。

一 中国特色社会主义基本理论研究

（一）研究和阐述邓小平经济理论

多年来，我一直注重学习研究邓小平理论，尤其是对邓小平经济理论进行了全面、系统、深入的研究和阐述。如前所述，1996年受中共中央宣传部委托，我协助中央财经领导小组副秘书长兼办公室主任曾培炎，负责邓小平经济理论研究，并将研究成果编写成《邓小平经济理论（摘编）》一书，由中国经济出版社出版。此书从社会主义经济建设必须从国情出发、社会主义的本质、公有制为主体和共同富裕是社会主义的根本原则、社会主义的根本任务、社会主义也可以搞市场经济、从根本上改革束缚生产力发展的经济体制、坚定不移地实行对外开放、社会主义现代化建设的战略部署、农业是国民经济的基础、经济建设必须依靠科技和教育、经济工作要按经济规律办事、相信群众依靠群众尊重群众的首创精神、社会主义精神文明是经济建设的强大精神动力和智力支持、社会主义经济建设的政治保证和社会环境、中国现代化建设需要和平的国际环境、努力提高社会主义现代化建设的本领等16个部分，概括出邓小平经济理论的科学体系、主要内容、基本观点，有助于全面深入系统地学习和掌握邓小平经济理论。这是创造性的理论研究成果。在此基础上，我又编写了《邓小平经济理论学习纲要》。《邓小平经济理论学习纲要》从15个方面第一次全面、系统和权威地阐释了邓小平经济理论体系的基本框架和主要内容，成为全国学习邓小平经济理论的重要辅助材料。中共中央办公厅发出通知（中办厅字〔1997〕5号），要求全党、全国上下认真学习该读物。这个学习研究邓小平经济理论的做法、经验和成果，受到中共中央宣传部和理论界的高度重视，并为其他一些部门和人员编写邓小平理论有关部分的学习纲要探索了路子，积累了经验。之后，我又与曾培炎主任一起主持编写了《学习邓小平经济理论二十讲》，并以讲座的形式对邓小平经济理论的基本内容、主要观点、精神实质作了深入论述。我撰写的《论深入学习和全面掌握邓小平经济理论》[①]，对邓小平经济理论的重要地位、重大创新和基本原理作了深入阐述。特别是明确提出:“如果把邓小平经济理论体系比作一座大厦，那么关于从社会主义初级阶段基本国情出发进行经济建设的理论、社会主义及其本质的理论、实行社会主义市场经济的理论、社会主义经济改革开放的理论和社会主义经济发展战略的理论，就是这座大厦五根最主要的支柱。”并强调：“我们学习、掌握和运用邓小平经济理论，必须真正学懂弄通这些极具创新性和根本性的基本理论。”同时，此文对“准确把握邓小平经济理论中贯穿着的

① 本文是为纪念党的十一届三中全会20周年理论研讨会撰写的论文，全文发表在1998年12月4日的《光明日报》上。

几个基本关系”作了深入论述，包括“关于生产力与生产关系的关系”“关于经济基础与上层建筑的关系”“关于改革、发展、稳定的关系”。这些概括和论述，在当时尚属首次。此后，我还多次在多种场合作报告并发表相关文章，研究阐释邓小平经济理论，包括：1995年在国家行政学院为司局级干部培训班授课，在中央机关工委组织学习邓小平经济理论报告会上宣讲；1997年2月为党中央、国务院领导起草《在邓小平经济理论学习座谈会上的讲话》；2014年8月为纪念邓小平诞辰110周年，撰写《邓小平社会主义市场经济理论的丰富内涵及重大贡献》一文，该文被收入《纪念邓小平诞辰110周年文集》，并被多家权威刊物转载。这些研究阐释工作对全国学习、宣传、研究、贯彻邓小平经济理论和发展中国特色社会主义发挥了重要作用。

（二）研究和阐述科学发展观

在2003年10月召开的党的十六届三中全会上，胡锦涛总书记提出了科学发展观的重大战略思想，这是中国特色社会主义理论体系的新成果。我在推动全国学习、研究、宣传和实践科学发展观方面付出了很大努力。2004年4月，我应邀在空军系统师以上干部培训班上作题为《树立和落实科学发展观》[①]的专题研究报告，全面、系统、深入地阐述了“为

① 全文刊载于魏礼群所著的《科学发展观和现代化建设》一书。

什么提出树立和落实科学发展观”“全面把握科学发展观的主要内涵”“怎样贯彻落实好科学发展观”，针对社会上存在的疑虑和误解作了深刻剖析，阐明了“以人为本是科学发展观的本质和核心”“全面、协调、可持续发展是科学发展观的基本内容”“统筹兼顾是科学发展观的根本要求”，深入论述了贯彻落实科学发展观必须“切实推进五大转变”。这一专题研究成果公开发表后，产生了重大社会影响。2005年，我还受全国哲学社会科学规划领导小组办公室的委托，组织力量进行科学发展观与现代化建设的重大课题研究，形成了专著《科学发展观和现代化建设》①。此后，我多次在国家级报刊上发表理论文章，包括《坚持以科学发展观统领经济社会发展全局》②《深化改革 构筑落实科学发展观的体制保障》③《科学发展观的形成和发展》④等。这些文章都对全国深入学习、研究、贯彻科学发展观起到了积极推动作用。

（三）研究和阐述习近平“四个全面”战略布局

2014年12月，习近平总书记提出，要“协调推进全面建成小康社会、全面深化改革、全面推进依法治国、全面

① 由人民出版社于2005年5月出版。

② 国务院研究室编写组编：《十届全国人大三次会议〈政府工作报告〉辅导读本》，人民出版社，2005。

③ 刊登于2005年第20期的《求是》上。

④ 刊登于2012年第8期的《紫光阁》上。

从严治党，推动改革开放和社会主义现代化建设迈上新台阶”[①]，首次提出了“四个全面”这个新的重大战略思想。

“四个全面”战略布局，是全面总结我们党领导中国特色社会主义事业发展规律和党的执政规律形成的新时期治国理政的重大战略思想，是把马克思主义与当代中国实际相结合的最新理论成果。如何深刻领会“四个全面”战略布局的科学内涵？如何充分认识“四个全面”战略布局的重大意义？如何准确把握“四个全面”战略布局的逻辑关系？如何深入贯彻“四个全面”战略布局？这些带有根本性、总体性的问题亟须从理论上加以研究和阐释。2015年1月，应人民出版社之约，我立即组织中国行政体制改革研究会和国家行政学院的专家展开深入研究。我认真学习相关论述并研究构思写作提纲后，邀请王满传（中国行政体制改革研究会秘书长、教授）、张占斌（国家行政学院经济学教研部主任、教授）、胡建淼（国家行政学院法学教研部主任、教授）、许耀桐（国家行政学院科研部原主任、政治学教研部教授）、汪玉凯（中国行政体制改革研究会副会长、公共管理教研部教授）、李沛（国家行政学院纪检监察室副主任）等人一道研究和写作。经过春节前后两个月的紧张学习和研讨，由我担任主编，写成《“四个全面”新布局 新境界》一书。全书由七个部分组成：①“四个全面”战略布局提出的背景、科学内涵和重大意义；②全面建成小康社会的内涵；③全面深化改革的内涵；④全面推进依法治国的内涵；⑤全面从严治党

① 人民网（http://cpc.people.com.cn/n/2014/1215/c87228-26205401.html）。

的内涵；⑥坚持全面贯彻执行党的基本路线；⑦加强和改善党的领导。这部书的写作出版有三个显著特点：一是及时性，在全国这是最早全面、系统论述“四个全面”战略布局的著作；二是创新性，此书谋篇布局新，既有总论，又有分论，既有分别阐释“四个全面”的内容，又有全面贯彻落实“四个全面”战略布局需要突出抓好的两个关键环节，即全面贯彻党的基本路线与加强和改善党的领导；三是权威性，参加此书写作的都是长期进行相关研究的知名专家学者。鉴于这些特点，此书出版后，立即受到社会的好评与欢迎，一个月内发行15万册，有几位省委书记要求全省党组织购买此书阅读，并作为党课教材，还有人打电话予以赞许并要求购买此书。2016年，在中央组织部、新闻出版广电总局组织的党课教材评选中，这部书荣列优秀党课教材之中。2017年9月，此书荣获国家行政学院第五届优秀科研成果一等奖。《“四个全面”新布局 新境界》一书，对学习、研究、宣传、落实习近平治国理政新思想发挥了积极作用。此外，我还应约撰写了理论文章《协调推进“四个全面”战略布局》，此文章发表在2015年第4期的《毛泽东邓小平理论研究》杂志上，产生了良好的社会影响。

二 中国基本国情研究

正确认识国情，是建设中国特色社会主义的首要问题，这既是党的思想路线的根本要求，也是制定和执行正确路线、方针和政策的基本依据。40年来，我一直坚持研究和把握中国基本国情，这是我学术研究、理论研究、政策研究和决策咨询研究的一个显著特点。

“文化大革命”结束后，中国发展处于大转折的历史关头。在1979年4月召开的中央工作会议上，邓小平提出：“要走出一条中国式的现代化道路。”1980年1月，邓小平在中央召开的干部会议上发表题为《目前的形势和任务》的重要讲话，强调要重视对我国国情的研究。这些重要论述使我认识到深入研究中国国情的重要性和紧迫性。于是，我就集中时间和精力开展对中国国情问题的研究。我用几个月时间，广泛收集资料，在系统整理大量材料的基础上，进行深入分析研究，并撰写出3万多字的研究报告——《我国国情的主要特点》。该报告运用马克思主义历史唯物主义和辩证唯物主义立场、观点和方法，从国家的地理环境、自然条件、历史演变、文化传统、社会性质和经济状况等方面，全面、系统、深入地论述了我国国情的五大特点。主要包括：建立了社会主义制度，但还很不完善；人口多，劳动力充足，但社会经济负担重；国土面积大，资源丰富，但可利用的土地少，各地区自然条件和经济发展极不平衡；奠定了一定的物质技术基础，但经济底子还很薄；中华民族具有许多优良传统，但也存在着一些弱点。概括起来就是：中国处于亚洲东部，现在拥有10亿人口、8亿多农民，是从半殖民地半封建社会脱胎出来不久，经济文化落后状况没有得到根本改变的社会主义大国。该研究成果在1981年第10期的《经济研究资料》（中国社会科学院主办）上发表后，引起经济界理论工作者和实际工作者以及社会各界的广泛关注。据不完全统计，有40多份中央国家机关、科研机构、大专院校和地方刊物相继转载。这对全国各方面深刻认识和深入研究中国国情起到了重要推动作用。

对中国国情研究的目的在于认清国情，坚定地走适合中国国情的发展道路。1982年，党的十二大召开前，党中央、国务院部署研究制定国民经济和社会发展第六个五年计划和2000年远景目标。这期间，我与刘洪应红旗出版社邀请，撰写了《我国国情与经济社会发展战略》一书。该书充分运用我对中国国情研究的已有成果，对中国经济社会发展战略中的指导思想、发展目标、发展重点和发展方式等重点问题进行了系统深入的研究，提出了一系列富有创新性的思想理论观点与战略主张。例如，在地区发展布局方面，认为实现地区合理布局和均衡发展需要一个长期的过程，提出了生产力配置和地区经济发展的指导方针。又如，在对外经济关系方面，提出坚定不移地实行对外开放政策。再如，提出要“把经济发展与环境保护结合起来，逐步建立良好的生态结构”，以及要“根据生产力的水平，完善和发展社会主义生产关系”，等等。这本书虽然文字不多，却蕴含着对中国国情持续研究和深刻把握的重要成果。

1982年9月，邓小平在党的十二大上首次提出“建设有中国特色的社会主义”这一崭新命题。那么，什么是“有中国特色的社会主义”？又应该如何建设有中国特色的社会主义？为此，我进行了深入的研究。同年10月，我在北京师范大学学报上发表《论从我国国情出发进行现代化建设》[①]一文，围绕“走中国特色社会主义发展道路”提出了重要的理论观点和政策建议。此文认为，从中国国情出发进行社会主义现代化建设，必须深入研究解决10个方面的重要问题，即速度模式、消费模式、两种文明、产业结构、国民收入分配、人口政策、技术结构、经济体制、地区布局和对外经济关系。文中不仅提出了速度模式、消费模式等新观点，而且对地区布局和对外经济发展战略也作了进一步的阐释。此文的一些重要观点受到当时经济理论界和实际工作者的重视，也经受住了改革开放和现代化建设历史进程的检验。

在当代中国，研究和认清中国基本国情，一个根本性的课题，是正确认识中国发展所处的历史阶段。多年来，我围绕研究中国国情和社会主义初级阶段问题发表过多篇重要文章，其中2013年撰写的《牢牢把握社会主义初级阶段这个最大国情》[②]就是有代表性的一篇。这篇文章对新的历史条件下社会主义初级阶段理论的内涵、中国发展的阶段性特征，以及需要把握好的重大问题进行了全面、深入的阐述。我写道：“坚持和发展中国特色社会主义是一项长期而艰巨的历史任务。在具有许多新的历史特点的伟大征程中，始终牢牢把握社会主义初级阶段这个最大国情和最大实际，是我们有效应对复杂多变的发展环境并保持正确发展方向的根本保

① 刊登于1982年第6期的《北京师范大学学报》上。

② 刊登于2013年第19期的《求是》上。

证。只有把握住了这一最大国情，我们才能不断丰富中国特色社会主义的道路特色、理论特色、制度特色、实践特色和时代特色，如期全面建成小康社会和顺利推进中国社会主义现代化伟大事业。”我在此文中还明确提出，推动经济社会持续健康发展需要从五个方面把握：一是坚定不移集中力量发展生产力；二是坚定不移推进改革开放；三是坚定不移发展社会主义民主政治；四是坚定不移促进社会主义文化大发展大繁荣；五是坚定不移在改善民生和创新管理中加强社会建设。”

从1980年撰写《我国国情的主要特点》一文以来，我的学术思想和理论研究就一直是建立在不断深化认识和牢牢把握中国国情，以及进行社会主义现代化建设必须从中国国情出发的重大思想理论基础之上的。这为我研究中国特色社会主义发展道路、改革开放和现代化建设战略等方面夯实了理论基础和提供了学理支撑。

三 建立和完善社会主义市场经济体制研究

40年来，我一直致力于中国体制改革问题的研究，特别是建立和完善社会主义市场经济体制问题的研究。在实行计划经济时期，计划体制是整个经济体制的主体和核心。因此，1978年实行改革开放以后，我就把主要注意力放在研究计划体制改革方面，紧扣实际、解放思想、不懈探索。

（一）研究改革国家计划体系和计划体制问题

“文化大革命”结束后，国家计划工作逐步走上正常运转的轨道。1980年，随着贯彻国民经济“调整、改革、整顿、提高”的八字方针，党中央强调经济建设要量力而行，以提高经济效益为中心，经济发展和社会发展相结合，这是发展战略上的重大转变。要适应这种转变，国家计划体系应当进行重大改进。这时，我和刘洪合作撰写了《关于改进计划工作的几点建议》，文章先后刊登在1981年第44期的《计划经济研究》和1982年第3期的《经济研究》上。这是我学术生涯中首次在中国经济学领域顶级权威刊物上发表文章。在这篇文章中，我们提出了“建立起时间上相互衔接的计划系列”，即以五年计划为主要形式，五年计划是国家组织与指导经济活动的主要依据；长远规划是对长期发展具有指导作用的计划，要在科学预测的基础上确定长远发展战略。针对计划工作中长期以来重经济发展、轻科技和社会发展的问题，我们提出了要确立一套实行经济建设、科学技术、社会发展三位一体的计划体系和方法；并强调紧紧围绕提高经济效果来编制计划，要建立体现经济效果的计划指标体系。文章还就健全科学的计划指标体系和加强计划部门的建设等方面提出具体建议。这些研究成果助推了计划工作的改革。

20世纪80年代初期，计划体制改革提上了日程。1983年，国家计委召开了全国计划体制方法座谈会。会上，讨论了关于计划体制的地位、如何划分和实施三种管理形式（指令性计划、指导性计划和市场调节）、条条块块关系以及固定资产投资的计划管理等问题，其中就一些问题取得了共识，也对一些问题存在着不同意见。为了深入讨论问题，我对这些意见进行梳理，形成了《对改革计划管理体制的一些不同意见》①一文。在这次座谈会后，为了系统反映经济界关于计划体制改革的研究情况，推动展开这方面的讨论，我和韩志国用了3个多月的时间，对1979年1月至1983年8月关于计划体制改革的讨论情况进行了梳理，形成了《近年来关于我国计划体制改革问题讨论综述》②一文。全文共7.4万余字，力求全面介绍有代表性的学术观点。主要内容包括：社会主义经济的基本特征；计划体制的内涵、地位及标志；对我国过去计划体制的基本估计；改革计划体制的原则和目标；计划管理职权范围的划分；指令性计划、指导性计划和市场调节三种管理形式；计划管理中的行政手段和经济手段；宏观经济决策和计划科学性问题；等等。在此基础上，形成了《计划体制改革问题论争：1979—1983》③一书。这是我国最早较为系统地论述计划体制改革的学术研究论著。

综述各种学术观点的过程，也是一个深入学习和分析研究的过程。正是通过对学术界理论探讨的归纳和综述，我对计划体制改革中面临的问题有了更加全面的认识和深刻的理解，为我以后的深入研究奠定了重要的基础。

---

① 刊登于1983年第17期的《计划经济研究》上。

② 刊登于1984年第4期的《经济研究参考资料》上。

③ 由光明日报出版社于1984年12月出版。

（二）研究实施三种管理形式的设想

党的十二大提出，为了使经济发展既是集中统一的又是灵活多样的，在计划管理上需要根据不同情况，分别采取指令性计划、指导性计划和市场调节三种不同形式。这是对我国原有计划体制的重要突破。那么，采取三种管理形式的客观依据是什么，怎样加以具体化，包括确定三者的划分方法和各自的范围界限，以及需要采取的相应措施等，都亟待探讨。经济理论界和实务界工作者对这些问题进行了研究和讨论，意见很不一致。我在1983年10月撰写了《对计划体制中划分和实施三种管理形式的初步设想》[①]一文，提出了“以产品和产品大类为主要依据和中心线索，同时考虑企业的所有制性质、规模大小和任务重要程度等因素来划分”三种管理形式的初步设想。其基本思路是，过去实行的指令性计划，管得过宽、过多、过死，不利于充分发挥企业的积极性和首创精神。因此，改革的基本方向应当是减少指令性计划，增加指导性计划，扩大市场调节的部分。要在尽可能广阔的领域和范围内，更大程度地利用价值规律及价值范畴的手段，以有效调动各类企业的积极性。

在上述原则之下，该文综合分析了划分三种管理形式范围需要考虑的具体因素，详细列出了三种管理形式和各自的大体范围和数量界限，并提出了实施三种管理形式所需要的相应条件和措施。在这篇文章的基础上，我与李铁军、韩志

① 署名季言义，刊登于1983年第29期的《计划经济研究》上。

国于1984年2月撰写了《关于在生产和流通领域实行三种管理形式的几个问题》一文。文章中的一些观点得到了高层领导的重视并在决策中得以采纳，例如“对经济活动实行多种管理形式的一个重要出发点，就是要赋予不同企业生产经营自主权”。为了调整国家与企业的关系，充分调动企业的积极性，搞活经济，国务院在1984年作出了两项重要决定：一是从这一年第四季度开始，在全国范围内普遍推行利改税的第二步改革，即从税利并存逐步过渡到完全的以税代利；二是继续扩大企业自主权，并发布了《国务院关于进一步扩大国营工业企业自主权的暂行规定》（国发〔1984〕67号）。这些决定的实施，对我国经济社会生活产生了广泛而深远的影响。围绕利改税和企业扩权后的计划体制改革，我又先后撰写了多篇论文继续阐述，例如《计划体制如何适应企业实行利改税和扩权以后的新形势》①《企业实行利改税和扩权后计划体制应如何改革》②《利改税和企业扩权与计划体制改革》③等。这些论述对研究推进计划体制改革发挥了积极作用。

（三）研究扩大指导性计划和市场调节范围

1984年，我参与了国家计委研究制订计划体制改革方案的工作。1984年10月4日，国务院批转国家计委《关于改进

① 刊登于1984年第1期的《计划经济》上。
② 刊登于1984年第20期的《计划经济研究》上。
③ 刊登于1984年第9期的《经济研究》上。

计划体制的若干暂行规定》（以下简称《规定》）并发出通知，强调根据“大的方面管住管好，小的方面放开放活”的精神，适当缩小指令性计划的范围，扩大指导性计划和市场调节的范围，搞好计划体制改革工作。这是适应当时经济体制改革形势发展的一个重大步骤。通知发出1周后，我在《人民日报》发表了署名文章《计划体制改革的重要步骤》①，对这一重要举措进行了解读，指出“计划经济不等于全部实行指导性计划，指导性计划也是实行计划经济的重要形式。市场调节是实行计划经济的必要的有益的补充。”同时，强调计划体制改革是一项涉及范围很广、很复杂的工作，应当有步骤地展开。《规定》的重点是“适当缩小指令性计划的范围，扩大指导性计划的范围，并注意发挥市场调节的作用”。我在此后1年多的时间里，也将研究重点放在了这方面。

一是从理论与实践的结合上回答“为什么要适当缩小指令性计划”问题。针对当时理论界和实务界存在的争议和疑惑，1984年11月，我发表了题为《为什么要适当缩小指令性计划范围》②的署名文章，用定性和定量相结合的方式，阐述了当时指令性计划范围过宽、品种过多的问题及其对经济的消极影响；同时，结合广东省指令性计划范围缩小以后的成功实践案例，阐述了缩小指令性计划范围、扩大指导性计划和市场调节范围对于搞活经济的积极意义。我还针对适应指导性计划和市场调节范围的扩大提出建议，认为国家必须

① 刊登于1984年10月11日的《人民日报》上。

② 刊登于1984年第22期的《红旗》上。

更好地综合运用价格、税收、信贷等经济调节手段，制定必要的经济法规，加强经济信息的预测和咨询工作，以促进经济健康发展，保证改革顺利进行。

二是深入研究扩大指导性计划范围及其实现途径。1984年10月，党的十二届三中全会通过《中共中央关于经济体制改革的决定》，指出社会主义的计划体制，应该是统一性同灵活性相结合的体制，为此必须有步骤地适当缩小指令性计划的范围，适当扩大指导性计划的范围。这就表明，指导性计划将成为计划管理的重要形式。计划体制改革能否取得突破性进展和重大成功、计划管理能否开创新的格局，很大程度取决于我们能否广泛地和正确有效地施行指导性计划。1984年11月3日，国务委员兼国家计委主任宋平就实施指导性计划和安排1985年计划问题召开了座谈会。参加座谈会的有薛暮桥、马洪、许涤新、廖季立等著名经济学家。与会人员就实施指导性计划、改革价格体系、基本建设规模、加强宏观平衡管理等问题进行了深入讨论。我将座谈会意见进行了归纳整理，文章刊发在1984年12月的《经济消息》增刊上，上报党中央、国务院领导及国务院有关部门负责人。大力开展指导性计划实施问题的探讨，是一项重大而紧迫的任务。为此，我先后撰写了《关于实施指导性计划的几个问题》[①]《正确有效地实施指导性计划——全国指导性计划讨论会介绍》[②]《适当缩小指令性计划的范围，扩大指导性

① 刊登于1985年第1期的《计划经济研究》上。

② 署名郑思，刊登于1985年第3期的《计划工作动态》上。

计划和完全由市场调节的范围》[①]《指导性计划的特点和实施》[②]等系列文章，阐述了指导性计划的内涵及其特征、指导性计划编制的原则和方法、全面实施指导性计划的条件和步骤措施等内容，并提出实施指导性计划关键在于正确运用经济调节手段以及计划部门必须努力实现新的重大转变等建议。这些系列文章，对于逐步推进计划体制改革具有重要意义。

（四）研究深化计划体制改革基本思路

随着整个经济体制改革的逐步展开，我国计划体制改革取得了重要进展。尤其是1984年《中共中央关于经济体制改革的决定》出台后，计划体制改革不只是一个部门体制改革，还是整个经济体制改革的一个重要组成部分。全面深化计划体制改革不仅是改革计划体制的需要，更是加快整个经济体制改革步伐的要求。

1988年7月，应中共中央党校邀请，我为省部级领导干部培训班和其他在校学员作了关于计划体制改革的报告。1988年8月4日，我在国家计委第12期计划工作研究班上又作了专题报告。这两次报告，都强调明确改革方向是研究深化计划体制改革基本思路的重要前提，并提出今后一个时期计划体制改革需要着重抓好的七个方面：一是逐步减少对企业的直接计划管理，为深化企业制度改革创造条件；二是改

① 刊登于1985年第15期的《经济工作者学习资料》上。

② 收录于桂世镛主编的《计划体制改革若干问题的研究》一书中。

善国民经济的宏观计划管理；三是健全以间接管理为主的宏观调控体系；四是完善分层次、分类型的计划管理体制；五是积极推进横向经济联合发展；六是努力促进市场发育和市场组织建设；七是加快实现计划部门的职能转变。这两次报告，后来以《全面深化计划体制改革的几个问题》为题，先后刊登于1988年第11期的《计划经济研究》和1988 年第5期的《中共中央党校报告选》上。

1988年10月17—21日，我担任国家计委体制改革和法规司司长不久，即在大连市召开计划体制改革座谈会。14个省、直辖市和计划单列市计委（计经委），10个部委和国家计委部分司局的同志参加了会议。1989年11月6—9日，党的十三届五中全会在北京召开，全会通过了《中共中央关于进一步治理整顿和深化改革的决定》。全会要求，继续坚定不

1990年，魏礼群在家中写作。

移地执行治理整顿和深化改革的方针，进一步深化和完善各项改革措施。为此，我撰写了《治理整顿期间改革计划体制的几个问题》[①]一文，从计划的权利结构、管理形式、组织体系、管理对象和方法制度方面，分析了当时计划体制的新格局和新矛盾，并提出了深化计划体制改革需要解决好的几个问题，即处理好深化改革与治理整顿的关系、计划体制改革与其他改革的关系、治标与治本的关系，以及破与立的关系。此后，我先后撰写了《正确认识治理整顿和深化改革的关系》[②]《在治理整顿期间改革计划体制的若干设想》[③]等文章。

为了在实践中推动计划体制改革的深化，切实改进计划工作，我又撰写了《适应改革开放的新情况，努力转变计划部门职能和管理方式》[④]《深入领会和认真贯彻十年规划和“八五”计划纲要精神，努力走出计划工作的新路子》[⑤]《进一步转变计划部门职能和管理方式势在必行》[⑥]《进一步实现计划部门职能的转变》[⑦]等一系列文章。

1992年，我在《求是》上发表《我国计划体制改革的回顾与前瞻》[⑧]一文，回顾了计划体制改革的重要进展和20

---

① 刊登于1990年第39期的《计划体制改革与法规研究资料》上。

② 刊登于1990年第3期的《企业管理》上。

③ 刊登于1990年第3期的《中国计划管理》上。

④ 刊登于1991年2月刊的《学习与研究》上。

⑤ 收录于《经济与计划研究》一书中。

⑥ 刊登于1992 年第3期的《中国计划管理》上。

⑦ 署名本刊评论员，刊登于1992年第4期的《中国计划管理》上。

⑧ 刊登于1992年第4期的《求是》上。

世纪90年代初面临的问题。文章认为，计划体制改革中需要解决一系列根本性的、深层次的和难度很大的课题。一是进一步转变计划管理的职能，使之真正发挥宏观导向、分配、平衡和调控的作用。主要是合理确定国民经济发展的方向、目标，进行经济总量控制，协调重大经济结构和调整生产力布局，管好关系全局的重大经济活动，做好国民经济的综合平衡，为市场和企业活动的正常运转创造良好的外部环境。企业大量的生产经营活动、技术改造和小型建设，主要由市场调节。二是继续改变以行政指令为主的计划管理形式，建立直接计划与间接计划相结合、以间接计划为主的计划管理形式，建立经济手段、法律手段和行政手段并用，以经济手段为主的计划调控体系，使计划和市场都能合理有效地发挥各自的功能与作用。三是逐步建立社会主义统一的、开放的和有序竞争的市场体系、市场规范和市场秩序，形成有组织、有调控的市场。四是形成中央、地方、企业多层次合理分工的责权利相统一的计划管理制度，健全各级计划管理的平衡、协调和约束机制。五是实行对全社会经济活动进行预测、指导、规划和调控的计划方法、体系和制度。六是完善宏观计划民主决策、科学决策制度以及计划管理组织体系，逐步建立法律法规，使计划管理走向规范化、制度化和法制化，提高计划管理的科学性和有效性。

（五）研究加快计划体制改革步伐

1992年10月，中国共产党第十四次全国代表大会召开。

会议明确提出，建立社会主义市场经济体制是改革的目标，并提出加快经济改革步伐的部署和要求。我参加了党的十四大报告的起草，并为全委机关干部作了学习辅导报告，主要就加快计划体制改革讲了自己的认识和体会。①建立和完善社会主义市场经济体制的过程，就其基本点来讲，可以看作宏观调控制度和计划工作健全化、科学化的过程，是市场体系完备化、规范化的过程。②在建立社会主义市场经济体制的过程中，国家计委肩负着双重的重要任务。一方面，要积极推进企业改革、市场体系改革、分配制度改革和宏观调控改革，为顺利搞好各项改革服务；另一方面，要更加重视和抓紧与计划工作相关的体制改革和自身建设。这后一方面的改革更为直接、更为迫切。③建立社会主义市场经济体制，必然要求比较全面系统地改变传统的计划思想、计划观念、计划职能、计划内容、计划形式、计划方法和计划组织体系。④从当时和长远看，计划部门应找准位置、转换职能，尤其要加强经济预测、信息分析和发布等。

1993年6月，国家计委正式建立经济信息和新闻发布制度，我成为国家计委首任新闻发言人，并于6月19日召开了首次新闻发布会。这是改革计划体制、转换计划部门职能、加强和改进宏观调控的一项重要举措。

同年，由我负责的国家计委政策研究室课题组撰写了《关于进一步解放思想加快计划部门职能转变的若干意见》，全面阐述转变计划部门职能势在必行，必须增强自觉性和主动性，并提出要按照发展社会主义市场经济的要求，明确转变计划管理职能的方向和任务。主张“放开微观经济活动，减少具体事务，改进和加强宏观调控，努力做到微观放得开、宏观管得好”。这一计划体制改革思路和主张经受住了实践的检验。1998年3月新一届国务院组成时，将原来的“国家计划委员会”更名为“国家发展计划委员会”，并把该部门的主要职责放在管理有关国民经济全局的事务上，着力制定发展战略，进行宏观经济管理；并减少对微观经济活动的干预，创造公平竞争的市场环境，减少了繁杂的行政审批手续。

1993年11月，党的十四届三中全会通过了《中共中央关于建立社会主义市场经济体制若干问题的决定》（以下简称《决定》）。《决定》是我国经济体制改革进入新阶段的行动纲领，标志着我国建立社会主义市场经济体制的改革向整体推进。从根本上说，经济体制改革就是要由计划经济体制向社会主义市场经济体制转变。为此，我于1994年2月撰写了《深化计划体制改革》一文，强调了深化计划体制改革必须正确认识和处理“十个关系”和抓好“六大任务”。“十个关系”是：计划与市场的关系；微观放开搞活与宏观调控的关系；直接调控与间接调控的关系；集中与分散的关系；计划体制改革与其他改革的关系；计划部门与其他部门特别是与银行、财政部门的关系；计划管理的“虚”与“实”的关系；改革与发展的关系；破与立的关系；改革的近期措施与长远目标的关系。“六大任务”是：从总体上认真研究和探索以指导性计划为主的计划体制模式；充分发挥计划手段在培育市场中的重要作用，加快建立完备、统一、开放、有序竞争的市场体系；建立健全以中长期计划为主，同时重视年度计划和专项规划作用的计划序列，强化国家产业政策体系的重要作用；重塑固定资产投融资体系，建立有利于控制投资规模、优化投资结构、权责利相结合的投资体制；合理划分和完善中央与地方经济管理权限；健全制定和实施国家计划的组织体系。

1994年8月，国家计委政策研究室和国家计委培训中心在青岛共同举办计划体制改革研讨会。参加会议的有19个省、自治区、直辖市和计划单列市计委，国务院法制局和有关高等院校的有关负责人。研讨会取得了积极成果：一是对《计划体制改革方案》和《国民经济和社会发展计划法》两个文件稿展开了充分讨论；二是对计划体制模式进行了深入研究；三是对计划、财政、金融之间的关系该如何定位作了积极探讨。我时任国家计委秘书长，出席了本次会议并就深化计划体制改革作了讲话，特别是对一些难点、有分歧的问题，讲了个人认识。这些问题主要包括：深化计划体制改革的主要依据、新形势下深化计划体制改革的基本要求、需要深入研讨清楚的若干思想理论问题、深化计划体制改革应着力抓好的几个重要环节。这篇讲话经整理后被收入《培训工作》[1]一书。

（六）研究社会主义市场经济体制中的重大关系

1992年10月，党的十四大刚闭幕，我就撰文《我国经

---

① 国家计委计划干部培训中心编：《培训工作》，中国计划出版社，1994。

济体制改革的目标模式》[①]。此文提出，建立社会主义市场经济体制的关键，是“对计划与市场问题进行再认识、再提高”，并对“社会主义市场经济体制的主要内涵和特征”等方面进行了系统阐述和论证。同年12月，又发表了《论建立社会主义市场经济体制》[②]一文，提出“建立社会主义市场经济体制的决策是认识飞跃和实践的要求”“建立社会主义市场经济体制，必须加快改革步伐和搞好相互配套的改革”等重要观点。2004年，我撰写了《不断提高驾驭社会主义市场经济的能力》[③]一文，全面阐述了社会主义市场经济的内在要求和运作的特点、坚持推进经济体制改革和提高对外开放水平、完善党领导经济工作的体制机制，受到社会各界的重视。

多年来，我不断深入研究社会主义市场经济体制理论中的若干重大关系问题，主要在以下四个关系的认识上取得了突破性进展，不仅在理论上有了新的建树，更重要的是对国家政策的制定发挥了作用。

（1）正确认识公有制为主体与非公有制经济发展的关系。实行公有制为主体、多种所有制经济共同发展，是我国社会主义初级阶段的基本经济制度，也是我国社会主义市场经济的基本特征。我在一次重要会议上提出并一向坚持认为，我国整个经济体制改革进程中必须坚持做到“两个毫不

① 收入《迈向21世纪的行动纲领》一书，由新华出版社于1992年10月出版。

② 发表于1992年第12期的《计划经济研究》上。

③ 刊登于2004年第20期的《求是》上。

动摇”。一方面，必须毫不动摇地坚持公有制的主体地位，并要全面认识公有制的含义，积极推行公有制的多种有效实现形式。2003年11月，我撰写《积极推行公有制的多种有效实现形式》①一文，对“使股份制成为公有制的主要实现形式”作了全面、深入的论述。我认为，“公有制是社会主义经济制度的基础，是国家引导、推动经济和社会发展的基本力量，是实现最广大人民根本利益和共同富裕的根本保证”，“在发展社会主义市场经济的新形势下，必须毫不动摇地巩固和发展公有制经济，充分发挥国有经济的主导作用”。同时，我也认为，“公有制可以而且应该适应时代发展、经济环境变化和科技进步的新情况，采取多种有效实现形式，以促进自身发展和壮大”。我还坚持认为，发展社会主义市场经济必须充分发挥国有企业的重要作用，而国有企业要发挥好作用就必须按市场经济规律要求全面深化改革。另一方面，必须毫不动摇地鼓励、支持和引导个体、私营等非公有制经济健康发展。2004年，按照国务院领导批示要求，我与国家发改委主任马凯主持专项调查研究，在此基础上提出《关于鼓励、支持和引导个体私营等非公有制经济发展的若干意见》，经国务院常务会议讨论通过后，作为国务院文件（国发〔2005〕3号文件）发布。这是改革开放以来第一个以国务院名义发布的促进非公有制经济发展的纲领性文件，文件明确提出了“放宽非公有制经济市场准入条件”等36条措施，对全面深化和推进经济体制改革起了重要推动

① 刊登于2003年第21期的《求是》上。

作用。

（2）正确认识政府与市场的关系。如何认识政府与市场的关系，是不同市场经济体制的重要区别。我坚持认为，发挥市场作用与发挥政府作用都是社会主义市场经济体制的内在要求和重要组成部分，政府和市场两只手不可或缺。早在1985年初，我就同桂世镛撰写了《重视运用和发挥市场机制的作用》[①]一文，深入论述了市场功能和发挥作用的途径，认为如果不高度重视和不充分发挥市场的作用，就谈不上搞社会主义市场经济。在参加党的十四大报告起草过程中，我也坚定主张经济体制改革必须使市场在资源配置中发挥基础性作用。同时，我国实行的是社会主义市场经济，就必然地也要高度重视和正确发挥政府作用，特别是宏观调控的作用。我多次撰文论述国家宏观调控的必要性以及加强和健全宏观调控体系问题。无论在理论研究还是实际工作中，包括重要文稿起草，我都坚持构建符合中国特色社会主义市场经济要求的宏观调控体系，发挥好政府的应有作用。1995年5月、7月，我两次在国家行政学院举办的司局级干部“社会主义市场经济培训班”授课中，全面论述了加强和完善宏观调控体系问题，批评了当时社会上出现照搬西方宏观调控模式的错误倾向，明确提出要从现代市场经济特征和我国国情两个方面把握社会主义市场经济的宏观调控体系，主张既要研究借鉴西方经济学中宏观经济理论的科学成分，又要创立中国特色的新型宏观调控理论体系，包括宏观调控的原

① 刊登于1985年第2期的《财贸经济》上。

则、目标、内容、对象、方式和手段等都应具有鲜明的中国特征。我在《加强和完善宏观经济的调控体系》[①]一文中提出：宏观调控的主要目标，不仅是经济总量平衡，还要选择正确的发展战略和政策，引导国民经济和社会发展方向；宏观调控的主要内容，不仅是经济总量的增长，还要促进经济结构的调整优化，合理布局生产力，协调重大经济关系，促进经济与社会协调发展；宏观调控的主要方式和手段，不仅是间接的需求管理，还要包括直接的供给管理，即产业政策和投资政策，同时要重视国家计划的作用，使国家计划成为宏观调控的重要手段；等等。这些观点经受住了实践和历史的检验，现在看来也是正确的和必须坚持的。2014年，我又深入研究政府与市场的关系，撰写了《正确认识与处理政府和市场关系》一文。该文系统阐述了改革开放以来党中央关于政府与市场关系论述的历史演变、政府和市场二者各自的功能作用，以及在新的历史条件下深化改革处理好二者关系需要把握好的问题。此文发表于《全球化》2014年第4期，《新华文摘》2014年第17期全文转载，中国言实出版社出版了单行本（2014年8月第1次印刷），广为传播。这对深入研究和正确把握政府与市场关系发挥了重要作用。

（3）正确认识按劳分配为主体与实行多种分配方式的关系。实行按劳分配为主体、多种分配方式并存，是社会主义市场经济的又一重要特征，必须长期坚持和正确把握。我始终认为，邓小平在改革开放初期提出的鼓励一部分地区、

① 收入中国时代经济出版社出版的《魏礼群经济文选》一书。

一部分人先富起来，先富帮未富的经济政策是必要的，这对于克服以往吃“大锅饭”的平均主义、调动发展经济的积极性，起到了重要的作用。同时，我也坚持认为，要正确处理收入分配关系，并较早地提出要采取有力措施，防止和解决部分社会成员收入差距扩大的问题。1995年，我撰写文章提出：“要把调节个人收入分配、防止两极分化作为全局性的大事来抓”，“要从初次分配和再分配两个环节双管齐下，规范收入分配方式”。

我主张通过改革和完善有关制度，使社会各方面成员共享改革发展成果。1995年我在担任中国社会学会社会发展和社会保障研究会会长期间，就曾积极组织力量研究社会保障体系建设问题，撰写《大力推动我国社会全面进步》①一文，系统地论述了必须把社会全面发展放在重要战略地位，实现经济与社会协调和可持续发展。2000年，我撰文指出：“社会保障的标准要与我国经济发展水平以及各方面承受能力相适应”，“建立稳定、可靠的社会保障资金筹措机制”，“加强社会保障制度的法制化建设”，等等。近些年来，我多次主持社会保障体系建设相关课题研究，取得了一批重要成果。2009年4月，我提出并同两位专家一道撰写的《在应对国际金融危机中加快完善社会保障体系建设的建议》②，得到国务院主要领导批示，要求有关部门研究，为进一步应对国际金融危机作方案准备，推动了社会保障体系建设

① 原文收入中国计划出版社出版的《中国社会保障全书》一书。

② 原载于中国友谊出版公司的《走科学发展之路——魏礼群谈经济》。

1998年6月9日在安徽黄山召开的第二届国际研讨会上，右三为魏礼群，右一为国家计委常务副主任房维中，左一为国家计委政策研究室主任郑新立，左二为国家经济体制改革委员会副主任高尚全。

工作。2014年，我撰写了《坚定不移走共同富裕道路》[①]一文，全面论述了社会主义市场经济的分配原则，阐述走共同富裕道路的必要性和需要把握好的若干重大问题，在社会上产生较大反响。

（4）正确认识中央与地方的关系。这是市场经济体制中的重要关系。20世纪80年代后半期到90年代初，我主持了世界银行资助的一项重大研究课题：市场经济下的中央与地方关系研究。通过全面研究世界上实行市场经济的国家处理中央和地方关系的做法，深入总结我国历史上的经验教训，根据中国基本国情和实行市场经济的要求，明确提出“建立市场经济体制下中央与地方合理分权新体制”，认为应按照

① 刊登于2014年第16期的《求是》上。

"市场基础原则""两权对称原则""集分协调原则""市场统一原则""法律规范原则"等原则，重新划分中央与地方经济管理权限，认为"宏观经济调控权必须集中在中央，明确中央与地方的职责与权限"，"下放中央政府的部分权力，相应下放计划权、财政权、投资权"，"改革中央宏观经济综合管理部门，撤销和归并行业管理部门，逐步减少工业生产部门"，"合理发挥和引导地方的积极性"，"改进中央对贫困、后进地区扶持的办法"，等等。这些重要原则和思路，集中体现在我与李金早合著的《市场经济下的中央与地方关系》一书中。我还分别于1992年12月在海南海口、1998年6月在安徽黄山两次国际研讨会上，就上述重要主张和观点进行演讲，受到广泛关注，也推动了实际改革工作。多年来，我围绕正确认识与处理中央和地方的关系不断进行深入探讨。在2008年12月撰写了《行政管理体制改革30年回顾与前瞻》①一文；2011年5月，撰写了《构建中国特色社会主义行政体制的理论与实践》②一文。这两篇重要论文都对正确认识中央与地方关系作了深入论述，提出着重理顺行政层级体系和权责关系，科学界定中央和地方的权限和责任，并提出具体建议，为推动这方面理论创新和实践创新提供了智力支撑。

① 在"全国深化行政管理体制改革研讨会"上的主旨演讲，发表于2009年第2期的《求是》上。

② 为纪念中国共产党成立90周年而写的论文，收入中央文献出版社出版的《中国共产党90年研究文集》。

四 行政体制改革研究

行政体制是国家体制的重要组成部分。行政体制改革是政治体制改革的重要内容，是上层建筑适应经济基础客观规律的必然要求。深化行政体制改革，加快建立中国特色社会主义行政体制，既是深化整个改革的重要环节，也是完善和发展中国特色社会主义的重要任务。因此，研究中国行政体制改革理论与实践，意义重大而深远。

我长期在党中央、国务院综合部门从事宏观管理和政策研究工作，在主要从事宏观经济理论和政策研究的同时，也进行行政体制改革理论和政策研究工作。尤其是2008年到国家行政学院工作以后，更是将主要精力用于行政体制改革理论和实践创新研究，并领导中国行政体制改革研究会工作，主持了许多涉及行政体制改革的重大课题研究和公共行政教育培训活动，在这个过程中，不断加深对行政体制改革问题的认知和思考。主要在四个方面进行学术研究，即行政体制改革理论与进展、行政体制改革目标与任务、政府自身改革与建设、国际金融危机与公共行政改革。

（一）阐述行政体制改革的理论与进展

2008年，我奉命调到国家行政学院工作时，适逢改革开放30年。为隆重纪念改革开放30周年，国家行政学院举办了全国深化行政管理体制改革研讨会。这次会议有来自全国行政学院系统的100多名代表，全方位、多角度地总结了我国行政管理体制改革的经验，分析了存在的问题，提出了未来改革的目标和任务。我在会上发表了《建立和完善中国特色社会主义行政管理体制——行政管理体制改革30年回顾与前瞻》[①]的主题演讲，系统阐述了我国实行改革开放以来行政管理体制改革的重大进展，以及在改革实践中积累的宝贵经验。我认为，经过30年的不懈努力，我国行政管理体制改革取得了重大进展。①破除了高度集中的计划经济体制和行政管理模式，基本建立起与发展社会主义市场经济相适应的行政管理体制。②转变政府职能取得实质性进展。企业作为市场竞争主体的地位得到确立，市场配置资源的基础性作用明显增强。③政府组织结构不断优化。建立以宏观调控部门、市场监管部门、社会管理和公共服务部门为主体的政府机构框架，机构设置和职责体系趋于合理。④依法行政全面推进，政府立法工作不断改进，行政执法体制逐步健全，对行政权力的规范、制约和监督进一步加强。⑤管理方式创新取得重要进展，建立重大问题集体决策制度、专家咨询制度、社会公示制度和听证制度，政务公开制度逐步完善，科学民主决策水平不断提高。⑥政府自身建设不断加强。行政管理体制改革经验弥足珍贵，主要体现在：一是坚持以人为本、执政为民、依靠人民；二是坚持解放思想、实事求是、与时俱进；三是坚持把握大局、统筹兼顾、协调推进；四是坚持统筹中央与地方关系，发挥两个积极性；五是坚持审时度

① 刊登于2009年第2期的《求是》上。

势、积极稳妥、循序渐进。

2009年，为隆重庆祝新中国成立60周年暨国家行政学院建院15周年，12月28日，国家行政学院在北京召开了全国行政学院系统“新中国行政管理体制60年研讨会”。共有80多篇优秀论文被收入由我主编的《新中国：行政管理体制60年》[①]一书，书中也收录了我提交的论文《总结经验 面向未来 继续深化行政管理体制改革》。文章深入阐述了我国行政管理体制经历的前后两个30年的理论和实践。我认为，纵观60年，以党的十一届三中全会为标志，我国行政管理体制演变大体经历了前后两个30年的两大阶段：第一阶段，是与计划经济体制相配套的社会主义行政管理体制创立和发展阶段（1949—1978年）；第二阶段，是探索中国特色社会主义行政管理体制的变革创新阶段（1978—2009年）。改革开放以来进行的六次行政管理体制改革，促进了中国特色社会主义行政管理体制的建立与发展：一是转变政府职能取得实质性进展；二是依法行政得到全面推进；三是政府科学民主决策水平不断提高；四是政府自身建设不断加强。此文还对继续深化行政管理体制改革作出战略设计：一是按照中央的要求和部署，明确行政管理体制改革的战略目标；二是抓住关键环节，明确深化行政管理体制改革的战略重点；三是坚持以人为本的施政理念，着力推进服务型政府建设；四是坚持统筹考虑、综合协调，从战略上全面把握好改革发展进程；五是坚持循序渐进、逐步深化，实行重点突破带动全局的改

① 2009年12月由国家行政学院出版社出版。

革方略。深化行政管理体制改革的重点任务包括：一是进一步转变政府职能，优化行政职能结构；二是进一步探索大部门制，推进行政机构改革；三是进一步理顺行政层级关系，调整行政层级结构；四是进一步推进政府管理创新，优化行政体制机制；五是进一步规范行政行为，加强法治政府建设和公务员队伍建设。

2010年4月18日，中国行政体制改革研究会成立大会暨首届中国行政改革论坛在国家行政学院隆重举行。我发表了以《深化行政改革 促进科学发展》为题的主旨演讲。之后，又以《从实现科学发展的高度深化行政体制改革》为题发表于《人民日报》（2010年5月24日），产生了较大的社会影响。我认为，深化行政体制改革，必须坚持社会主义市场经济的改革方向和完善中国特色社会主义行政管理体制的总体目标。当前和今后一个时期，应着力抓好六个重要环节：一是转变政府职能；二是理顺行政层级体系和权责关系；三是推进行政决策科学化、民主化；四是完善行政绩效管理制度；五是创新行政管理方式；六是加强法治政府建设。

2011年，在隆重纪念中国共产党成立90周年之际，我撰写了《构建中国特色社会主义行政体制的理论与实践》[①]一文。此文系统地研究和阐述了我们党继承和发展马克思主义国家学说和行政理论，创立和发展了富有中国特色的社会主义行政体制理论体系，深入总结了正反两方面的经验，对

① 中共中央文献研究室科研管理部编：《中国共产党90年研究文集》，中央文献出版社，2011。

深入推进行政体制改革需要解决的重要问题发表了自己的观点，并指出我国行政体制改革虽然取得了重大进展，但距离建立完善的中国特色社会主义行政体制的目标要求，还任重道远，必须继续推进。我认为，60多年来，构建中国特色社会主义行政体制的历程艰难而辉煌，积累了大量经验，其中最为重要的有以下几点：一是坚持中国共产党的领导；二是坚持以科学理论为指导；三是坚持从中国国情和实际出发；四是坚持以人为本、执政为民；五是坚持统筹规划、协调推进；六是坚持提高改革决策的科学性。深入推进行政体制改革需要解决的重要问题包括：一是更加注重转变政府职能，推进政企分开；二是更加注重优化政府组织结构，理顺行政关系；三是更加注重健全政府决策机制，提高决策水平；四是更加注重推行依法行政，建设法治政府；五是更加注重提高行政效率，降低行政成本；六是更加注重加强行政问责，完善政府绩效评估制度。

2012年11月，党的十八大报告对深化行政体制改革、加快建立中国特色社会主义行政体制提出了明确的任务。我于2012年11月发表《加快建设中国特色社会主义行政体制》一文，深度解读了党的十八大对于深化行政体制改革的要求。我认为，加快建立中国特色社会主义行政体制的重大意义体现在：这是坚持和发展中国特色社会主义，推动上层建筑适应经济基础的必然要求；这是全面深化改革开放，形成更加成熟的制度体系的关键环节；这是加快转变经济发展方式，全面建成小康社会的重要部署；这是实现行政体制改革总体目标的迫切需要。加快建立中国特色社会主义行政体制，要着重抓好以下几个方面的改革：一是继续简政放权，加快政府职能转变；二是稳步推进大部门制改革，健全部门职责体系；三是优化行政层级和行政区划设置；四是创新行政管理方式，提高政府公信力和执行力；五是推进事业单位分类改革。推进行政体制改革需要把握好的四个原则：一是统筹规划，协调推进；二是明确目标，突出重点；三是鼓励创新，勇于实践；四是总结经验，注重实效。

2012年，受全国哲学社会科学基金规划办公室的委托，我带领国家行政学院课题组承担了关于中国现代行政管理体系的重大课题研究，取得了一批重要研究成果，并编写了《中国现代行政管理体系研究》①一书。该书详细阐述了我国行政管理体系的内涵，比较系统地研究了我国现代行政管理体系，特别是现代行政监管体系、社会管理体系、公共服务体系及行政绩效体系。这些重要成果产生了广泛的社会影响。

2017年9月，在国际行政院校联合会2017年年会学术交流会议上，我提交了题为《中国行政体制改革的历程和经验》②的论文。此文全面回顾了中国行政体制改革近40年的伟大历程和宝贵经验，研究探讨了继续推进改革需要解决的重点问题，对于深刻认识改革开放的伟大成就、继续深化行政体制改革、协调推进“四个全面”战略布局，具有重要意义。该文发表后，被《新华文摘》2017年第16期全文转载，并被作为封面和正文的首篇文章，引起了社会的广泛关

① 2012年由国家行政学院出版社出版。

② 刊登于2017年第5期的《全球化》上。

注。我认为，改革开放以来，中国行政体制改革的历程大体经历了三个阶段：一是冲破高度集中的计划经济体制模式（1978—1992年）；二是探索适应社会主义市场经济的行政体制（1993—2012年）；三是推进政府治理现代化（2013年之后）。这个时期的改革和探索取得了很大成功，从根本上革除了高度集中的计划经济体制和行政管理模式，基本上建立了与社会主义市场经济相适应的行政体制。其主要内容包括：一是转变政府职能；二是调整行政区划；三是改革政府组织结构；四是创新政府管理方式；五是推进法治政府建设；六是加强公务员队伍建设；七是推进反腐倡廉，建设廉洁政府。在推进行政体制改革实践中，积累了宝贵经验，主要包括：一是坚持顶层设计、统筹规划；二是坚持积极稳妥、渐进深化；三是坚持服务人民、依靠群众；四是坚持围绕中心、协调推进；五是坚持鼓励创新、勇于实践；六是坚持立足国情、善于借鉴。

此外，我于2011年开始组织编写《行政改革蓝皮书》，与“中国行政改革论坛”一道成为中国行政体制改革研究会打造的两个重要品牌。首部《中国行政体制改革报告（2011）No.1》以总结2010年我国行政体制改革的实践、创新和发展为主线，从不同侧面对2010年我国行政体制改革的探索、成就、问题进行了比较深入的分析，并对“十二五”期间中国行政体制的发展前景做了展望。在这之后的《中国行政体制改革报告》年度蓝皮书都围绕着总结上一年度政府在行政体制改革中的实践、创新和发展展开分析，并对行政体制改革中的重点专项问题进行专题探讨。目前，该套书是国内较有影响的行政改革蓝皮书。

（二）深化行政体制改革的目标和任务

改革开放以来，随着各个领域体制改革的逐步展开和深入推进，行政体制改革也不断取得进展。党的十七大作出了加快行政管理体制改革的决策部署。2007年12月，我还在国务院研究室工作的时候，中央机构编制委员会办公室人事司负责人到我办公室，听取我对深化行政管理体制改革的意见，为中央制定新一轮行政体制改革方案作准备。我在认真准备的基础上，提出了制定行政管理体制改革总体方案的原则和重点[①]。在这次谈话中，我指出了20世纪80年代初期以来，我国行政管理体制改革已取得重要进展，同时仍存在着不少突出问题：第一，部门设置过多、管理分散；第二，部门职责交叉，多重管理、推诿扯皮现象比较突出；第三，宏观调控部门管得过宽、过细；第四，社会部门较弱，市场监管多头执法。我认为，要解决好以上问题，应该着眼于转变职能、理顺关系、优化结构、提高效能，形成权责一致、分工合理、决策科学、执行顺畅、监督有力的行政管理体制。为此，我提出了制定行政管理体制改革的总体方案，应以“以人为本、执政为民”为原则，更好地践行人民政府宗旨的要求。同时，提出坚持科学民主决策、依法行政，坚持加强行政监督，提出坚持管理创新、制度创新的原则，坚持转

① 收入魏礼群著的人民出版社出版的《行政体制改革论》。

变政府职能，坚持上下左右联动。

为了更好地推进改革开放和社会主义现代化建设，必须把加快行政体制改革放在更加突出的位置。2008年、2009年间，我多次提出，行政管理体制改革需要着重研究解决以下六大问题：一要进一步转变和正确履行政府职能；二要进一步简政放权和规范市场、社会秩序；三要进一步优化行政组织结构；四要进一步推进制度创新和管理创新；五要进一步理顺政府职责关系；六要进一步加强公务员队伍建设。为此，我先后撰写了以《深化行政管理体制改革的主要任务》为题的论文①和以《加快行政管理体制改革的几个问题》为题的研究报告（2009年9月5日）。我认为，推进行政管理体制改革需要充分考虑到“四个方面的要求”：充分考虑深入贯彻落实科学发展观的要求，充分考虑完善社会主义市场经济体制和提高对外开放水平的要求，充分考虑发展社会主义民主政治和依法行政的要求，充分考虑建设创新型国家的要求。全面推进体制机制创新、制度创新和管理创新，努力建设服务型、现代化政府。

行政管理体制改革，不仅需要理论探讨，更需要实践创新。2010年，广东省积极推进行政管理体制改革和配套制度改革取得了重要进展，并在一些市、县进行大部门制的试点，遇到了亟待研究解决的新问题。在中共中央政治局委员、广东省委书记汪洋同志的支持下，广东省政府负责人和省机构编制办公室负责人邀请国家行政学院帮助广东省总结和研究深化行政

① 刊登于2009年第1期的《行政管理改革》上。

体制改革工作，并委托了重点研究课题。我作为主要负责人，组织国家行政学院骨干力量，分组、分专题深入广东省作实地调查研究，取得了不少研究成果。2010年9月，我在“广东省近两年行政体制改革研究”课题调研总报告中，深入总结了广东省在深化行政管理体制改革中的做法和经验，这对推进我国地方行政管理体制改革具有重要的参考价值。广东省行政管理体制改革以建立大部门制为突破口，加快构建职能配置科学、机构设置精干、权责明晰的政府组织体系，体现了广东省行政管理体制改革敢于先行先试。这个课题研究成果受到了国务院领导和广东省领导的好评。

党的十七届五中全会提出，要“坚定推进大部门制改革”。这充分体现了中央进一步整合机构设置、优化政府组织结构的决心。为了更好地研究推进大部门制改革，2011年6月，我撰写了题目为《积极稳妥推进大部门制改革》①的文章，深入分析了大部门制改革的重要意义，提出了必须坚定不移地有步骤推进。我认为，推进大部门制改革是完善社会主义市场经济体制的必然要求，是实现中国特色行政体制改革目标的重要任务，是适应加强和创新社会管理的迫切需要，是实现政府管理科学化的必由之路。大部门制改革尚处于探索之中，在实践中也遇到了一些问题：一是改革牵涉多个部门的权责关系，推进难度较大；二是已进行大部门制改革的，还没有完全实现从“物理组合”到“化学反应”；三是已经实行大部门制的，职责分工尚未完全落实到位，应该

① 刊登于2011年第12期的《求是》上。

整合的机构职能有些还没有完全到位。要积极稳妥推进大部门制改革，为科学发展和社会进步提供体制保障：一是提高大部门制改革重要性的认识，增强改革的自觉性和坚定性；二是加强大部门制改革顶层设计，增强改革的系统性和整体性；三是深化大部门制改革理论研究，增强改革的前瞻性和指导性；四是强化大部门制改革法制建设，保障改革的持续性和稳定性；五是突破大部门制改革重点难点，增强改革的突破性和实质性。同时，我对大部门制改革存在的问题进行了深入思考，认为大部门制改革是政府机构改革的方向，但需要稳步推进，也不是越大越好，而是要按照建设现代服务型政府的要求，更好地履行为人民服务的宗旨和职能，提高政府履职尽责的效能和降低行政成本，更好地建设责任型、效能型、节约型政府。应当看到，行政体制改革与经济体制、政治体制、文化体制、社会体制等方面改革都有密切关系，涉及行政权力关系的调整和政府组织结构的变动，涉及国家经济、政治、文化和社会生活的方方面面，涉及中央与地方、政府与社会、政府与企业、整体利益与局部利益等一系列重大关系，必须加强体制改革顶层设计，突出重点。

（三）加快政府自身改革和建设

1993年10月实施的《国家公务员暂行条例》，标志着我国开始实施国家公务员制度。党的十六大报告提出：“完善干部职务和职级相结合的制度，建立干部激励和保障机制。”这是一项重要决策，对于党政机关吸引和留住优秀人才，对于建设政治坚定、业务精通、纪律严明、廉洁高效的干部队伍有着十分重要的意义。根据党的十六大报告精神和针对干部人事工作中存在的问题，2003年8月15日，我在中央召开的“完善干部职务和职级相结合制度 建立干部激励和保障机制”座谈会上，作了《深化干部人事制度改革若干思考》的发言，提出六点意见：一是加快完善干部职务和职级相结合的制度；二是完善职务和级别的对应关系，综合考虑晋升因素，适当缩短正常晋升级别的年限；三是建立专业技术职务；四是规范地区和部门自行出台的津贴、补贴，建立适合国情的工资管理体制和调控机制；五是对选举产生的干部和委任制干部实行不同工资制度；六是搞好干部分类管理。这些意见的提出，主要是致力于服务型政府建设。

党的十六届六中全会通过的《中共中央关于构建社会主义和谐社会若干重大问题的决定》，对构建社会主义和谐社会作出了全面部署，明确要求“建设服务型政府，强化社会管理和公共服务职能”。深刻领会和认真贯彻这一重要精神，对于加快政府职能转变和管理创新、构建社会主义和谐社会具有重大的意义。为此，我撰写了《大力建设服务型政府》[①]一文，提出建设服务型政府是构建社会主义和谐社会的必然要求，我们要围绕构建社会主义和谐社会，深化改革，完善政策，加快建设服务型政府。我认为，围绕构建社会主义和谐社会建设服务型政府，主要应从以下三个方面努力：一是以发展社会事业和解决民生问题为重点，逐步形成

① 刊登于2006年第21期的《求是》上。

惠及全民的基本公共服务体系；二是加强和改进社会管理，完善社会管理体系，保持社会安定有序；三是创新公共服务和社会管理方式，在服务中实施管理，在管理中体现服务。建设服务型政府，关键在于深化改革，创新体制机制，完善政策：一是牢固树立以人为本的施政理念；二是深化行政管理和社会管理体制改革；三是健全公共服务和社会管理政策体系；四是完善公共财政体制和制度；五是坚持依法行政和开展绩效评估；六是加强政府公务员队伍建设。

人类社会进入20世纪90年代以来，信息技术进步日新月异，发展电子政务是建设服务型政府的重大任务，是建设创新型国家的重要方面，也是加快工业化、信息化、现代化的必然要求。我们党和政府高度重视电子政务建设并取得重大进展，不断强化电子政务在社会管理和公共服务方面的作用。2009年3月27日，我在为社会科学文献出版社出版的《中国电子政务发展报告（2009）》所作的序言中，提出了加快建设电子政务需要明确五个重大问题：一是进一步明确发展电子政务的目的；二是进一步明确电子政务发展的道路；三是进一步明确制定电子政务发展规划；四是进一步明确发展电子政务的原则；五是进一步明确发展电子政务的重点。同时，我还应邀在"2010年国际电子政务理论与实践交流会暨第五届中国电子政务论坛"上，作了《发展电子政务创新政府管理》的致辞。

2008年下半年，国际金融经济形势发生急剧变化，金融危机席卷全球，对我国影响加深。这确实是一个特殊时期，在这种形势下，加强政府自身改革和建设，着力提高政府行政能力、公信力和服务水平具有特殊的意义。战胜国际金融危机的冲击，不仅能够保增长、保民生、保稳定，也能给政府自身改革和建设增加压力，提供动力，推动政府向服务型政府、效能型政府和现代化政府迈出重大步伐。2009年5月，我提出并主持了“应对国际金融危机中加强政府自身改革和建设”的研究课题，提出了关于在应对国际金融危机中加强政府自身改革和建设的若干建议。强调健全经济监测和预警机制，密切追踪国内外形势发展，大力推进管理创新，增强应变能力；与此同时，要有效发挥政府与市场这“两只手”的作用，充分发挥中央和地方的积极性，从而形成应对危机的合力。这些建议为应对金融危机所带来的不稳定因素提供了重要参考，其中有些建议获得国务院主要领导的批示并转化为国务院实际工作部门的决策依据。在这些建议的推动下，国家发改委组织研究建立经济监测和预警机制具体办法，并以国务院办公厅的名义发布文件付诸实施。

为了在全国形成有效应对国际金融危机冲击，推进政府管理创新的共识与合力，2009年5月，我提出在国家行政学院举办省部级领导干部“政府管理创新和自身建设”专题研讨班。这次研讨班，重点研讨了三个问题：第一，充分认识推进政府管理创新和自身建设的重要意义和总体要求；第二，正确把握当前特殊时期政府管理创新和自身建设的着力点；第三，深入学习研讨推进政府管理创新和自身建设的制度保障。这次研讨班集思广益，为应对国际金融危机冲击提供了许多决策咨询建议。

做好政策研究工作不仅是进行领导决策和政策制定的

重要环节，也是推进决策科学化、民主化的必然要求。2009年7月6日，在应对国际金融危机的严峻形势下，我提出并在国家行政学院举办了厅局级领导干部“公共政策制定”专题研讨班，亲自讲授“认真做好政策研究工作，努力提高决策咨询水平”的专题课程，阐述了做好政策研究工作的重要意义、政策研究工作的主要特点、应当遵循的基本原则，以及做好政策研究工作需要把握好的重要环节，包括认清形势、分析环境、围绕中心、服务大局、深入调查、科学研究、精心谋篇布局、写好调研报告等。同时，还强调做好政策研究工作，必须努力提高政策研究人员的素质和能力，包括不断提高政策研究人员的思想政治和政策理论水平、业务能力，以及发扬政策研究人员求真务实、理论联系实际等优良作风。这是国家行政学院成立15年来第一次举办由中央各部门、各省区市政策研究部门负责人参加的研讨班。这次研讨班颇有成效，受到学员们的赞许和欢迎。

随着工业化、城镇化的快速推进，我国发展中不平衡、不协调、不可持续等问题日渐突出，特别是医药、食品、住房这些与人民息息相关的问题日益严峻，这就需要政府更好地发挥作用。其中，医药卫生体制改革格外受到党中央、国务院领导的高度重视。2009年3月，《中共中央　国务院关于深化医药卫生体制改革的意见》和《国务院关于印发医药卫生体制改革近期重点实施方案（2009—2011年）的通知》发布实施，标志着我国深化医药卫生体制改革全面启动。2010年5月12日，我出席国家行政学院举办的省部级领导干部“深化医药卫生体制改革”专题研讨班，在本次研讨班上我提出需要深入学习研讨的几个重点问题：一要深入学习领会和准确把握“保基本、强基层、建机制”的医改重大原则；二要深入学习领会和准确把握政府主导与市场作用有机结合的基本要求；三要深入学习领会和准确把握近期医改工作的重点任务；四要深入学习领会和准确把握基本药物制度建设与公立医院改革试点的主要思路。

食品安全问题同样受到党中央、国务院的高度重视，政府需要把加强食品安全工作作为创新社会管理机制、保障和改善民生的重要内容。2011年5月5日，在国家行政学院举办的省部级领导干部“加强食品安全”专题研讨班开班仪式上，我强调要高度重视食品安全工作，同时提出四点要求：一要深入学习领会党中央、国务院关于食品安全工作的方针政策和工作部署；二要深入研讨食品安全监管体制改革的问题；三要深入研讨实际工作中的重点、难点问题；四要深入研讨食品安全监管的长效机制。

党中央、国务院高度重视保障性住房建设与房地产市场调控工作。加强保障性住房建设和房地产市场调控，是推动科学发展、加快转变发展方式、保障和改善民生的重大举措。2011年7月18日，我在国家行政学院举办的省部级领导干部“住房保障与房地产市场调控”专题研讨班上，强调我们要搞好保障性住房和房地产市场调控，加快解决城市低收入者家庭住房困难问题，实现人民群众住有所居。

为了推进服务型政府建设，还必须十分重视政府绩效评估工作。2012年10月13日，我在国际行政院校联合会亚太区域研讨会议上，系统总结了我国在服务型政府建设和绩效评估制度建设上所做的努力，即我们普遍重视政府绩效评估，同时也注重绩效评估结果的运用，建立相应的激励和约束机制。并提出，要抓好服务型政府建设，就需要建立和完善政府绩效管理和评估法律法规体系，建立和完善多元的政府绩效管理和评估机制。

2013年，新一届国务院成立后，着力推进政府自身改革，持续深化“放、管、服”改革。我围绕这方面的改革进行了系统深入的研究，强调必须正确认识和处理好“放”与“管”的关系。2015年7月，国家行政学院组织“放、管、服”专题座谈会，我应邀作了关于放开与监管关系的发言，强调创新和加强监管，提高政府治理水平。针对当时一些人在“放”“管”“服”改革中片面强调“放”而忽略“管”的问题，我开宗明义地阐述了自己的观点：“在深化简政放权改革、转变政府职能方面，我认为应该说两句话：一句话是，坚定不移搞放权，坚决把该放的彻底放开，该减的彻底减掉，该清的彻底清除，不留尾巴、不留死角、不搞变通；另一句话是，理直气壮抓监管，要做好简政放权的统筹规划，提高政府治理水平，特别是创新和加强监管，敢于监管、科学监管、善于监管。”并提出八点建议，包括：①全面把握政府监管面对的新情况新要求；②加强顶层设计，科学实施监管；③完善监管体制，形成“大监管”合力；④创新监管方式，提高监管效能；⑤加快修法立规，提供法治保障；⑥推进机构改革，强化综合执法；⑦提升队伍素质能力，加强对监管者的监管；⑧深入研究监管理论，制定创新监管战略。这个发言深受与会者赞同。会后有的领导对我说："你讲的是'十全大补'啊！"在这个座谈会后，中央领导也认为：只"放"不"管"，必有后患。我这个发言以《创新加强监管，提高政府治理水平》为题，刊登在2015年第7期的《行政管理改革》上，《人民日报》2015年8月6日予以转发。

2015年初，我受国家标准化管理委员会委托，担任全国政务大厅服务标准化工作组组长，主持全国政务大厅建设和推进政务服务标准化研究。这一年的10月12日在山东新泰召开的"全国政务大厅服务标准化工作组"成立暨国家标准发布会上，我作了题为《推进政务服务标准化，促进政府治理现代化》的报告。我认为，推进政务服务标准化，对于更好地深化行政体制改革、正确履行政府职能、提升政府治理现代化水平具有重要意义。我国前一个时期推进政务服务标准化工作呈现出三个特点：一是在全国服务业标准化框架内逐步推进；二是地方积极探索和试点与国务院有关主管部门加强指导和组织相结合，共同推进；三是主要依托政务服务中心或政务大厅平台集中推进。同时指出，推进政务服务标准化工作还存在一些困难和问题: 一是政务服务标准化意识不强；二是政务服务标准化理论研究薄弱；三是政务服务标准缺失；四是推进政务服务标准化协调机制不完善。最后，提出了推进政务服务标准化的主要任务: 一是提高对推行政务服务标准化工作的自觉性；二是深化政务服务标准化的理论研究和实践创新；三是研究制定推进政务服务标准化的工作规划；四是完善政务服务标准化的协调推进机制；五是加强政务服务标准化工作的经验交流。

2016年1月，我接受《中国标准化》（海外版）杂志记者的采访，发表了题为《加快推进标准化，提升国家治理现代化水平》的文章。我认为，在经济社会建设中，标准化的作用主要表现为：一是可以促进技术进步，提高企业生产率和市场竞争力；二是能够有效规范市场经济秩序，维护国家利益和公众利益；三是有助于推动创新发展，提升经济总体素质和水平。同时指出与发达国家相比，中国标准化工作还有一些差距，主要表现在：各级干部标准化意识不强；各类标准体系不合理；标准水平落后；标准统一性、权威性不高；标准执行不力。并提出了推进政府管理和服务标准化的主要任务：一是提高对推行标准化工作的自觉性；二是加强政府管理和服务标准化的理论研究和实践创新；三是研究制定推进政府管理和服务标准化的工作规划；四是完善标准化的协调推进机制；五是加强政务服务标准化工作的经验交流，要学习借鉴国外的先进经验。我进一步指出，标准化教育是标准化建设的基础性工程。与发达国家相比，中国标准化教育存在一些差距，无论在教育体系构建、专业建设、课程设置、教材研发，还是师资队伍等方面，标准化知识尚没有进入国民教育体系，普通群众缺少对标准化的了解。提高中国标准化教育水平，需要从以下几个方面努力：一是完善学校标准化教育体系；二是加快标准化教材研发和师资队伍建设；三是加强标准化学科建设；四是把标准化教育纳入社会教育范畴；五是开展标准化教育国际交流与合作。特别是要将标准化理论知识和实践方法作为党政领导干部和公务员培训的重要内容；要把标准化知识和运用能力作为干部考核的一项内容，作为干部晋升技术职称和职级的重要依据。这些观点受到国家标准化部门的重视，表示将在实际工作中积极落实。

（四）国际金融危机与公共行政改革的研究

2008年，美国次贷危机引发了严重的国际金融危机。危机爆发后，有关国家和国际社会积极采取应对措施。2009年8月5日，我率领中国国家行政学院代表团参加在巴西召开的国际行政院校联合会2009年年会并发表了主题演讲。本届年会是在全球应对国际金融危机的特殊背景下召开的，会议围绕“可持续发展的公共治理：公共行政教育与实践”这一主题，共同探讨可持续发展的公共治理之策。在这次会议上，我总结了中国政府在应对国际金融危机方面的公共行政创新举措：一是着力加强和改善宏观调控，扩内需、保增长；二是着力调结构、上水平，增强经济持续发展后劲；三是着力深化改革开放，完善促进科学发展的体制机制；四是着力保障和改善民生，加快社会事业发展。中国政府紧紧围绕保增长、保民生、保稳定和可持续发展这条主线，及时采取了积极的财政政策和适度宽松的货币政策，制定和实施了既应对当前困难又着眼于长期发展的一揽子计划和一系列配套措施，大力推进政府自身改革和建设，使得公共治理水平不断提高。

2010年11月8日，我出席了国家行政学院和中国行政体制改革研究会举办的“金融危机下的政府管理”国际研讨会。在本次研讨会上，来自不同国家和国际组织的官员和专家学者相聚在一起，共同回顾两年来国际社会应对金融危机的历程，交流金融危机下的政府治理经验，研讨追求卓越的公共行政教育与培训。我在发言中提出，加强公共行政教育培训应对国际金融危机，既是各国政府和国际组织的共同任务，也是国际行政院校、公共行政科学研究机构的重要使命，提出了各国公共行政教育机构应采取提高政府治理能力的主张。

2008年，我国重特大突发事件频繁发生，突发事件应急救援任务十分繁重。政府高度重视应急管理工作，把构建中国特色应急管理体系作为预防和应对各种风险、危机，促进科学发展、和谐发展的重大任务。我到国家行政学院工作后，立即突出抓了加强和创新应急管理的教学和研究。2008年11月，经党中央批准，由中央组织部、国务院办公厅和国家行政学院共同举办省部级领导干部“突发事件应急管理”专题研讨班。我在研讨班开班仪式上，阐述了加强应急管理能力建设的重要意义，论述了加强突发事件应急管理能力建设的任务。这期研讨班的举办对我国加强应急管理建设起到了重要推动作用。2010年，我担任《中国应急管理报告2010》和《应急管理国际研讨会论文集（2010）》两本书的主编工作，这是国内较早系统研究国内外应急管理问题的著作。在《中国应急管理报告2010》中，提出了进一步构建中国特色应急管理体系，需要着力抓好以下几个方面的工作：第一，全方位推进应急管理体制机制建设；第二，全面强化应急管理基础能力建设；第三，进一步完善应急管理法律和预案体系建设；第四，切实加强应急管理保障体系建设；第五，注重提高全社会风险防范和灾害应对能力。

为了尽快推动国家应急救援员职业资格认证和培训工作，我在2016年又组织编写了应急救援员职业培训与技能鉴定教材《中国应急救援读本》。该教材结合突发事件应急救援技能性、操作性、实践性、经验性强的特点，在详细、权威地介绍我国突发事件应急管理“一案三制”（突发事件应急预案及应急管理体制、机制、法制）基本框架的基础上，重点围绕专业化、标准化问题进行阐述，推动实现突发事件现场应急处置“以公民自救互救为主、政府救援为辅”的新格局。这对在全国普及应急救援知识和技能起到了积极作用。

2011年6月15日，我在意大利罗马召开的国际行政院校联合会成立50周年庆典暨2011年年会上，就金融危机后的公共治理问题发表了看法。我认为，世界经济发展存在多种风险和挑战：一是扩张性救援政策负面影响显现；二是部分国家主权债务风险加大；三是金融系统风险隐患依然存在；四是可持续增长动力机制尚未形成；五是世界经济形势增加新变数。根据全球金融和经济发展新情况，我提出提高公共治理能力和水平，需要着力解决五个问题：一是树立公共治理新观念；二是构筑全球公共治理新体系；三是重建国际金融新秩序；四是建设可持续发展新格局；五是推进全球合作新机制。以上概括起来说，就是国际社会和各国政府在全球金融危机后要提高公共治理的创新能力、组织能力、服务能力和合作能力，提升全球公共治理的预见性、协调性、合理性和有效性。这些主张受到与会者的认同和好评。

五 提高对外开放水平研究

对外开放是中国的基本国策。自20世纪80年代以来，我围绕对外开放的理论和战略问题进行了系统的研究，为国家对外开放政策制定的科学性和可行性做出了积极贡献。1987年，党的十三大召开之后，我撰写了《扩大对外开放的广度和深度》（《学习党的十三大报告文集》，经济日报出版社1987年11月第1版）一文，从不断发展进出口贸易、积极利用外资、在开放地区布局上采取逐步推进的战略等方面，对扩大对外开放广度和深度进行了深入阐述。我认为，采取开辟经济特区、开放部分城市和经济地区的形式来扩大对外开放，是我国有别于其他社会主义国家对外开放的独特措施，这是一个伟大创举。实践证明，这种做法是符合我国国情的，是正确有效的。我们必须在总结经验的基础上，继续巩固和发展已经初步形成的“经济特区—沿海开放城市—沿海经济开放区—内地”这样一个有层次、有重点、由沿海向内地逐步推进的开放格局。

1992年，党的十四大召开之后，我发表了《进一步扩大对外开放》一文，从“逐步扩大对外开放的地域范围，形成多层次、多渠道、全方位开放的格局”“努力拓宽利用外资领域、积极扩展对外经济贸易和深化外贸体制改革”等方面，从广度和深度上对进一步扩大对外开放进行深入阐述。我认为，我国从20世纪70年代末期实行的对外开放政策，取得了举世瞩目的重大成就。进一步扩大对外开放，不仅是必要的，而且是可能做到的。一方面，要扩大对外开放的地域：继续办好经济特区、沿海开放城市和沿海经济开放区；实施沿大陆边境开放战略；加快内陆省、自治区对外开放的步伐；实施沿边和内陆对外开放战略。在实行多层次、多渠道、全方位的开放战略中，还应当突出抓好以下地区的扩大对外开放：一是长江三角洲和长江沿江地区；二是加速广东、福建、海南和环渤海地区的开发开放；三是加快实施大陆桥路线开放战略。另一方面，努力拓宽利用外资的领域：一是采取更加灵活的方式，继续完善投资环境；二是开放更多的产业领域，加强对外资投向的产业政策引导；三是继续办好经济技术开发区和高新技术产业开发区。

1997年，党的十五大之后，我撰写了《努力提高对外开放水平》一文，深刻阐述“新时期对外开放战略的核心，就是不断提高开放的质量和水平”。我认为，新的形势必须采取新的对外开放战略。这种开放战略的核心，就是不断提高开放的质量和水平。它的基本要求：一是着眼于增强综合国力和提高国际竞争力，充分发挥我国经济的比较优势和后发优势；二是着眼于提高对外开放的质量和效益；三是着眼于促进经济结构优化和国民经济素质提高；四是着眼于从战略上发展国际经济循环；五是着眼于继续改善对外开放的条件和环境。而要把对外开放提高到新水平，抓好以下几个方面至关重要：一是优化进出口结构，实行以质取胜和市场多元化战略；二是继续积极合理有效地利用外资；三是鼓励能够发挥我国比较优势的对外投资；四是进一步办好经济特区和上海浦东新区；五是正确处理对外开放同自力更生的关系，维护国家经济安全。

1997年下半年，我与张松涛合作，比较全面地研究了新形势下的对外开放战略，在深入分析国内外形势的基础上，明确提出对外开放战略，包括：进一步发展全方位、多层次、宽领域的对外开放格局；深化外贸体制改革，提高发展和管理水平；继续扩大利用外资，提高利用外资水平；加大技术引进力度；加强对国外资源的利用，积极探索跨国经营；完善涉外经济法制，加大执法检查力度。同时，组织人员广泛调查研究，充分听取各方面特别是外贸部人员的意见，为中央决策提供了重要依据。

为抓住和用好中国加入世界贸易组织的新机遇，积极迎接和应对新挑战，2002年，我主持编写了两部《中国加入WTO：机遇·挑战·对策》文集，并撰写了《中国加入WTO：对外开放进入新阶段》[①]一文，该文对加入WTO后可能存在的一些盲目乐观、消极悲观、等待观望等错误思想认识进行了深入剖析和批评。我主张在对加入WTO带来的利弊、机遇和挑战作出全面分析、正确认识的基础上，“更加勇敢地扩大对外开放”，并“善于在扩大开放中维护国家利益”，对推动中国对外开放起到了积极作用。

2017年2月，在《二次开放——全球化十字路口的中国选择》新书发布会暨研讨会上，我在题为《在双向开放中推动和引导新全球化》的演讲中提出，在当前部分国家“逆全球

① 载《国务院部委领导论中国加入WTO：机遇·挑战·对策》一书，2002年由中国言实出版社出版。

化”思潮涌动的新形势下，需要深入研究如何推进新阶段的对外开放，“第一，中国应该坚定不移对外开放，继续推动经济全球化”，“第二，中国应该坚定不移参与经济全球化，着力引领新型全球化方向”，这些观点是符合时代潮流的。

六 经济发展战略和发展方式研究

经济发展战略和发展方式是我国社会主义经济建设中的重大理论和实践问题。我重点研究了积累和消费关系理论、经济发展战略和发展方式转变理论、产业结构调整和优化理论、走新型工业化道路理论等。

（一）正确处理积累和消费关系

积累和消费的比例，是国民经济中一个十分重要的、综合性的比例关系。它在很大程度上决定并反映了生产和建设，增长和生活，农业、轻工业和重工业等一系列比例关系。新中国30年经济建设的历史经验表明，积累和消费比例关系安排得是否合理，对国民经济的健康发展有着重大的影响。要制定好国民经济和社会发展的中长期规划，必须恰当地规定积累和消费的比例，这是需要认真研究解决的大问题。1979年在编制国民经济和社会发展第六个五年计划时，社会各界对此问题存在较大分歧，中央最高决策层要求从理论和实践方面研究，提出一个比较合理的杠杠。“六五”计划期间积累和消费占国民收入的比重以多少为恰当？围绕这个重要课题，我运用马克思关于社会生产和再生产的理论，全面总结、分析了新中国成立以后历次五年计划的经验教训，从积累基金和消费基金的最低、最高界限两个方面加以计算和论证。最终得出的结论是，“六五”计划期间如果国民收入每年增长6%或7%，那么积累率为24.7%或28.2%比较合适。这一结论与当时中共中央办公厅调研室提出的一份材料的研究基本一致，为中央决定“六五”计划期间积累率为25%左右提供了重要依据。我的这个题为《第六个五年计划期间积累和消费占国民收入的比重以多少为恰当？》的研究成果，起初为打印材料，之后发表在国家计委经济研究所刊物《计划经济研究》[①]上，这是我发表的第一篇经济研究文章。

为了全面总结和深入分析我国经济建设中处理积累和消费比例关系的经验教训，我继续研究并撰写了《1970年至1980年积累率变化情况的分析和第六个五年计划期间降低积累率的途径》《从我国经济建设的历史来看如何安排积累和消费的比例》《关于积累和消费关系中几个指标的初步探讨》《学习陈云同志关于经济工作的论述 恰当地确定积累和消费的比例关系》等系列论文，分别发表在原国家计委经济研究所《计划经济研究》和中国社会科学院经济研究所《经济研究资料》等刊物上，从多角度论述“六五”计划期间必须将以往过高的积累率降下来。

① 1980年5月刊，署名季言实。

在此基础上，1980年下半年，我又撰写了《论降低积累率必要性和途径》[①]的理论文章，深入论述了“合理积累率的基本界限”“适当降低积累率的必要性”“积累率降到合理水平以后的速度问题”“把积累率降到合理水平的主要途径”等问题，从理论和实际的结合上反驳了不同意降低积累率的一些观点。其中提出，一定时期内积累基金的增加和积累率的提高，不是人们可以随意规定的，它主要受到该时期国民收入总量及其增长速度、人民生活逐步改善的需要以及国民收入物质构成的比例三方面的制约。这是我首次在党中央权威理论刊物上发表理论文章，引起社会关注。1982年8月，我撰写了《积累和消费比例关系》一文，发表在1982年第36期的《计划经济研究》上；之后，被纳入一部论著中的一章。这篇文章围绕“积累和消费的构成及合理安排积累和消费比例的意义”“影响积累和消费比例关系的主要因素”“正确安排积累和消费比例必须遵循的几项主要原则”三个问题进行了深入论述，提出了影响积累和消费比例关系的五个主要因素，包括：国民收入总量及其增长速度、人口自然增长速度和人口构成的变动、劳动生产率提高幅度和人民消费水平提高幅度、产业结构和产品结构的状况以及经济效益的大小。根据过去的经验教训和对影响这一比例关系诸因素和条件的分析，概括总结了正确安排积累和消费比例必须遵循的六项主要原则：着眼于努力增加国民收入，实事求是地确定经济增长速度；首先安排好人民生活，稳妥可靠地

① 发表在1980年第23期的《红旗》上。

安排好积累和消费的比例关系；兼顾积累和消费，统筹安排国家建设和人民生活；坚持积累和消费都要量力而行，保持计划分配使用的国民收入额同实际上可供分配使用的总额之间的平衡；合理安排积累和消费两者内部的比例；大力提高积累基金使用效果。这些研究深化和发展了积累和消费关系理论。

1983年9月，我在《经济日报》上发表《论集中资金加强重点建设与改善人民生活的关系》一文，论述了“集中资金加强重点建设不会影响人民生活的继续改善”，“人民生活改善的幅度必须符合客观存在的合理原则和标准界限”，提出了“大力提高经济效益”“努力发展生产”“严格控制人口增长”才是既保证集中必要的资金进行重点建设，又能实现继续改善人民生活的重要途径的重要观点，对积累和消费关系理论作了进一步的深化研究。我还先后研究并撰写了固定资产投资规模、固定资产投资结构和投资政策等问题，《论控制固定资产投资规模》《论调整固定资产投资结构》等多篇文章在《红旗》杂志上发表。这些文章对我国当时固定资产投资增长过快，超过了社会财力物力所能负担的能力造成的负面影响和严格控制固定资产投资规模，实现宏观经济均衡发展的重要意义作了系统论述，并提出在控制全社会固定资产投资总规模的前提下，合理调整投资结构的理论和政策。

1980—1982年这三年，对积累和消费关系的研究，是我对基础理论研究与应用研究相结合的首次尝试。我对积累与消费关系和投资规模、结构、政策等一系列的研究，既为中央决策提供了咨询服务，也对这方面学术理论研究起到了积极推动作用，当时一些高等院校将我写的研究积累与消费关系的文章编入教材或选为参考读物，使我对经济理论研究产生了浓厚兴趣，促使我以后在经济理论研究方面下更大的功夫。

（二）推进经济发展战略和发展方式转变

自20世纪80年代中期以来，我一直致力于研究推进经济发展战略和发展方式转变问题。1985年经济出现“过热”趋势时，即撰文主张必须做到经济增长速度和效益的统一，实现经济适度增长，着重提高经济效益。1987年发表了《关于坚持长期稳定发展经济方针的几点认识》[①]一文，阐述保持国民经济长期稳定发展的极端重要性，指出“长期稳定发展”的基本内涵，并提出要防止盲目追求过高速度，注重改善产业结构和提高经济效益。

我认为，保持经济持续稳定发展的极端重要性体现在五个方面：一是它直接关系到党的十一届三中全会以来全国各族人民经过艰苦奋斗所赢得的经济、政治大好形势，能不能得到继续巩固和发展；二是它极大地关系到我国经济体制改革和对外开放这个强国兴邦的基本政策的进一步贯彻并取得应有成效，从而决定着建设具有中国特色的社会主义这个重大历史任务的进程和前途；三是它直接关系到党中央提出并已深入人心的到21世纪末战略目标的顺利实现；四是关系到

① 刊登于1987年第8期的《宏观经济研究》上。

我们能不能利用国际化和新兴技术革命机会，在经济、技术上逐步缩短同世界发达国家之间的差距；五是只有保持已经取得的胜利成果，促进经济持续、稳定、健康发展，才能进一步巩固和发展安定团结的政治局面，推进政治体制改革，使国家长治久安。

我认为，要坚决压缩过热的氛围，努力做到社会总需求和总供给基本平衡：一是必须坚持按照建设规模同国力相适应的客观规律办事；二是必须坚持控制消费需求的过快增长，使生活改善切实建立在生产发展可能的基础上；三是必须坚决把过高的支出压下来，努力做到财政收支和信贷收支的基本平衡。我认为，要继续防止盲目追求过高速度，注重改善产业结构和提高经济效益：一是深刻认识保持经济适度增长的重要性；二是恰当估量我国现阶段经济增长的速度水准；三是正确执行党的十二大确定的经济建设战略决策；四是进一步合理调整和改造产业结构，促进国民经济按比例协调发展；五是一定要真正把提高效益放在一切经济工作的首位。

同时，我还专门撰文系统地阐述了提高经济效益是我国社会经济发展战略的根本任务。我认为，提高经济效益是经济发展战略的首要和根本课题，是我国经济成长的根本出路和途径，绝不是主观的臆断，而是从客观经济规律出发，总结实践经验，并立足于对我国经济发展趋势和现状的全面分析所得出的重要结论。我指出，要抓住提高经济效益的主要环节：一是坚持把提高产品质量放在首要位置；二是严格讲求产品适销对路；三是大力降低物质消耗；四是努力提高劳动生产率；五是千方百计增进资金使用效益；六是合理配置生产要素。究其本质要求和基本方向，就是经济发展要从粗放经营为主转到集约经营为主的轨道上来。由此，实行效益型的经济发展战略，具有全局性和决定性意义，需要采取如下对策：一是进一步端正经济工作的指导思想，正确处理速度和效益的关系；二是调整和改造经济结构，使之逐步合理化和向效益型转变；三是加快科学技术进步，提高现代化管理水平；四是加快和深化经济体制改革，建立有利于提高经济效益的体制和经济运行机制。

20世纪90年代以后，中国经济增长面临新的挑战，转变经济增长方式成为当务之急。1995年初，在中央财经领导小组办公室工作期间，我围绕中央制定“九五”计划建议，组织国务院有关部门开展“转变经济增长方式”重大课题研究，形成一批质量高、价值大的成果，受到中央领导的重视，并为党中央作出“九五”期间“实行经济增长方式和经济体制两大根本转变”的重大决策提供了依据。这些成果集中反映在《加快转变经济增长方式》[①]一书中。所谓经济增长方式，就是各种生产要素的分配和使用方式，也就是经济增长的各种要素组合起来推动经济增长的方式。经济增长方式分为两种类型：一是粗放型（外延型）；二是集约型（内涵型）。经济增长方式的转变，从扩大再生产的角度来看，就是从外延为主向内涵为主转变；从经营方式角度来看，就

① 曾培炎、魏礼群、苗复春编：《加快转变经济增长方式》，中国计划出版社，1995。

是由粗放经营为主向集约经营为主转变。转变经济增长方式，多年来没有实质性的进展，其根本原因在于经济体制没有转换。

2009年初，处于应对国际金融危机的特殊时期，我在2009年第8期《求是》杂志上发表了《重在经济增长数量、质量和效益相统一》的文章，主张在经济困难时期，也必须坚定不移地落实科学发展观，积极推进经济发展方式转变，正确处理经济增长的数量、质量、效益的关系，在保持较快增长速度的同时，着力提高经济发展的质量与效益。我认为，坚持经济增长数量、质量、效益相统一，是经济发展规律的内在要求，是落实科学发展观的根本要求，是应对国际金融危机的迫切要求。坚持经济增长数量、质量、效益相统一，必须处理好四个关系：一是要处理好经济增长数量和质量的关系，注重在提高经济质量的基础上增加经济数量；二是要处理好投入和产出的关系，注重降低物质消耗和提高劳动生产率；三是要处理好微观效益和宏观效益的关系，注重在全社会范围内优化生产要素配置；四是要处理好当前发展和长远发展的关系，注重实现近期效益和长远效益的统一。我认为，实现经济增长数量、质量、效益相统一的主要途径，包括“五个着力”：一是着力调整产业结构；二是着力推进科技创新；三是着力深化体制改革；四是着力优化投资结构；五是着力强化科学管理。

党的十八大之后，中国经济进入新的发展阶段，我主持中国国际经济交流中心立项的重大课题研究，形成长篇文章《由经济大国到经济强国的发展战略》。该文全面、系统地论述了几个重要问题，包括：我国已成为经济大国的主要依据，经济强国的内涵和目标，世界上经济强国崛起的历程与启示，我国由经济大国到经济强国的机遇和挑战，由经济大国到经济强国需要采取的发展战略。我指出，从多个指标来看，我国已经成为经济大国，主要表现在：经济总量跃居世界第二；部分省市经济总量或人均GDP已接近或超过中等发达国家水平；制造业产值位居世界第一；贸易进出口总额跃居世界第二；外汇储备位居世界第一。同时认为，虽然我国已成为经济大国，但发展中不协调、不稳定、不可持续的问题依然突出。我提出，经济强国的内涵可从六个方面来理解：一是世界排名靠前的经济规模和较高的人均收入；二是具有很强的科技创新能力，掌握相当一批核心关键技术；三是具备高端化和生态化的产业结构；四是具有高度的城市化，并形成一批具有国际影响力的城市群；五是具有可自由兑换的国际货币，发达稳健的金融体系；六是在国际经济体系中具有重要地位，拥有较强的国际影响力。关于经济强国的衡量指标，包括国内生产总值的世界占比、科技创新水平指数、服务业产值占比、城市化率、国际储备货币占比等。根据这一套指标体系，我认为，我国建设经济强国的战略步骤和目标可表述为“两步走”。第一步，在中国共产党成立100年时，我国国内生产总值达到15万亿美元左右，人均国内生产总值超过1万美元，城镇化率达到60%左右，实现全面建成小康社会的目标。第二步，在新中国成立100年时，我国国内生产总值的世界占比达到20%左右；科技创新水平指数迈入世界前五名国家的行列；服务业产值占GDP的比重达到60%左右；具有一批跨国企业与世界知名品牌；城镇化率达到70%左右，形成一批具有国际影响力的城市群；人民币成为国际货币，并在国际储备货币中占比达到4%左右。我这篇文章是国内较早提出关于我国实现经济强国的指标体系和战略步骤的研究成果。

从英国、美国、日本、德国为代表的世界上经济强国崛起的历程可以发现，它们具有“七个重视”：一是重视世界历史发展机遇；二是重视科学技术的创新；三是重视人力资本的投资；四是重视城市化的持续推进；五是重视体制机制的变革；六是重视实施海洋强国战略；七是重视扩大对外开放。针对我国所面临的国内外战略机遇，我认为，我国由经济大国到经济强国的历史性转变，需要实施“六大战略”：一是实行经济持续健康发展战略，着力提高经济增长质量和效益；二是实行优化经济结构战略，着力推进产业结构优化升级；三是实行创新驱动发展战略，着力建设创新型国家；四是实行加快体制改革战略，着力构建有利于科学发展的体制机制；五是实行建设海洋强国战略，着力开拓我国经济发展空间；六是实行更加积极主动的开放战略，着力提高开放型经济水平。这篇文章在《全球化》2013年第6期发表后，受到全社会广泛关注，《新华文摘》全文转载，多家刊物、网站转载，2014年8月又被中国言实出版社出版单行本。这项重要研究成果，对认识中国经济所处发展阶段和应当实行的发展战略产生了广泛的影响。

2016年10月29日，由中国（海南）改革发展研究院、德国国际合作机构、联合国开发计划署主办，以“结构性改革释放增长新动力——落实2030可持续发展议程”为主题的第81次中国改革国际论坛暨2016新兴经济体智库年会在海口召开，来自12个国家、27个省（区、市）的300多位专家学者和代表参加此次论坛。我应邀在开幕式上致辞，后来这篇致辞以《中国未来经济转型升级的方向和路径》为题，发表在2016年第12期的《全球化》上。我认为，由于各国国情不同、经济发展阶段不同、面临的现实挑战不同，经济转型升级的方向和路径也不会相同。在中国，推进经济转型升级的内涵更加丰富。概括起来说，就是持续深入推进三大转变：一是推进城乡二元经济结构向现代经济结构转变，实现城乡一体化；二是推进经济增长由粗放型向集约型转变，加快增长模式创新；三是推进产业结构由中低端向中高端转变，构建现代产业体系。推进这三大转变，需要一个较长的历史过程。

同时，我认为，中国经济未来转型升级的总目标，集中到一点，就是由经济大国向经济强国转变，其主要方向任务应当是以下几个方面。一是加快产业结构优化升级，推动产业迈向中高端；二是加快新型城镇化和农业现代化，促进城乡区域协调发展；三是加快形成绿色生产生活方式，推进中国特色生态文明建设；四是加快消费结构调整升级，提高城乡居民生活质量；五是加快经济增长方式转变，实现新旧发展动能接续转换；六是加快完善对外开放战略布局，促进国内国际要素有序流动。未来时期中国推进经济转型升级，必须选好路径，最重要的是必须把握两大环节。一是坚持贯彻新发展理念。理念是行动的先导，发展理念是否对头，从根本上决定着发展成效乃至成败。二是坚持全面深化改革开放。从根本上说，深化改革开放，创新体制机制，是中国经济转型升级的重要方面，也是实现经济转型的强大动力。要坚持社会主义市场经济的改革方向，特别要深化经济体制改革和行政体制改革，着力处理好三个方面的重大关系，即政府与市场的关系、政府与企业的关系、中央与地方的关系。

2017年3月23日，我应邀参加中共中央宣传部举办的“治国理政论坛‘四个全面’战略布局系列理论研讨会”首场研讨会，作了题为《主动适应把握引领经济发展新常态，确保如期全面建成小康社会》[①]的发言。我指出，在经济发展新常态下，我国经济发展的主要特点是：增长速度从高速转向中高速，发展方式从规模速度型转向质量效率型，经济结构从增量扩能为主转向调整存量、做优增量并举，发展动力从主要依靠资源和低成本劳动力等要素投入转向创新驱动等。这些是适应我国经济发展阶段性特征的必然要求，其实质是使整个经济发展进入提质增效、转型升级、稳定增长、良性循环的新阶段。我认为，主动适应把握引领经济发展新常态，全面建成小康社会，尤其要把握好以下几个方面。一是牢固树立和践行新发展理念。党中央提出的创新、协调、绿色、开放、共享的新发展理念，是管全局、管根本、管方向、管长远的科学理念，是走科学发展之路的行动指南。二是大力推进供给侧结构性改革。当前，制约我国经济发展的因素，有周期性、总量性的，但主要是结构性的。结构性问

① 《人民日报》2017年4月10日第7版刊发。

题，供给和需求两侧都有，但矛盾的主要方面在供给侧。这是一个重要判断。三是加快转变经济发展方式。切实把经济发展方式从粗放型发展转到集约型发展上来。四是全面深化改革，扩大对外开放。应更加注重统筹国内国际两个大局和两种资源，进一步完善对外开放战略布局，实现更高层次的双向开放，提高在全球范围配置资源的能力。五是贯彻稳中求进工作总基调，保持战略定力。特别要注意保持宏观经济政策的连续性和稳定性，密切跟踪国内外形势变化，充分估计可能遇到的困难和挑战，增强调控政策的针对性、灵活性和有效性。这些论述，对正确引导社会舆论发挥了积极作用。

（三）调整和优化产业结构

多年来，我对调整和优化中国产业结构、推进产业结构升级进行了比较系统和持续的研究，提出了一些有重要影响的观点。1987年，我撰写了《我国产业结构变化趋势和产业政策体系》①，对产业结构的历史演变、产业结构的主要趋势和产业结构调整的主要对策等进行了系统论述。我指出，经过30多年的建设，中国产业结构在工业、农业、建筑业、交通运输业、商业、对外贸易、科学、教育、文化、卫生、体育事业等方面已经发生了根本性变化，中国产业结构的总体格局得到了较大改善。同时，由于多方面原因，我国产

① 见中国时代经济出版社出版的《魏礼群经济文选》一书。

业结构仍然存在着不少亟待解决的问题，主要表现在以下方面：一是农业这个国民经济的基础还相当薄弱，基本单一的结构状态没有从根本上改变；二是采掘工业、原材料工业和加工工业之间的比例很不协调；三是交通、通信业很不适应国民经济发展的需要，长期处于落后的状态；四是商业、服务业仍旧比较落后。

我认为，要逐步建立起符合中国国情的、合理的产业结构，需要在七个方面着力：一是坚持把发展农业放在重要战略地位，进一步全面繁荣农村经济；二是适应居民消费水平的提高和消费结构的变化，大力开拓消费品工业生产领域；三是切实加强基础工业和基础设施建设，提高整个产业结构的强度；四是努力振兴机械电子工业，充分发挥它们作为国民经济技术装备部的作用；五是积极发展建筑业，使之逐步成为整个国民经济的支柱产业之一；六是加快为生产和生活服务的第三产业的发展，增进经济的活力与效率；七是在重点发展传统产业的同时，有计划、有重点地开拓和建设新兴产业。

我提出，改善产业结构的基本对策：一是在注重发挥国家计划作用的同时，充分发挥市场机制的作用，并把计划和市场的力量有机结合起来；二是加速科学技术发展，使产业发展和结构改造建立在科技进步的基础上；三是增强企业的活力，加快企业组织的改组；四是从发挥地区优势和整体综合优势出发，把产业结构的改造和地区布局的调整密切结合起来；五是努力增加资金积累，正确指导资金的使用方向。

1992年10月，我撰写的《调整和优化产业结构的方向和任务》[①]，对调整和优化产业结构的战略意义、高度重视和加强农业、继续发展第二产业积极调整工业结构、大力促进第三产业的兴起和发展等方面作了深入阐述。我认为，党的十四大报告对调整和优化产业结构的决策，具有三个鲜明的特点。一是这个决策鲜明地把一次产业、二次产业和三次产业联系起来一并作出规定，从整体上全面考虑了产业结构的发展。三次产业结构的划分，是国际上通行的做法。二是这个决策第一次明确强调各次产业发展的重点，更深刻、更鲜明地指出了各个产业发展的方向。三是这个决策更加突出了基础产业和第三产业，指明了在经济加速发展新阶段各类产业的地位和作用。其主要依据：一是20世纪80年代，随着经济建设的大发展，一大批重点项目建成投产，使我国已经初步建立起来的工业体系和国民经济体系得到进一步充实和完善，这是我国经济实力明显增强的一个重要标志。二是人类社会发展的历史表明，经济发展的自身规律，是产业结构不断由较低层次向较高层次演进。三是20世纪90年代，我国经济在新的成长阶段中呈现出两个明显变化：一方面，生产领域进一步工业化；另一方面，人民生活从温饱进入小康。

我认为，高度重视和加强农业，全面振兴农村经济：一要树立大农业观念，继续合理调整农业内部结构；二要努力开发高产优质高效农业，实现农业发展的新转变；三要不断提高农业的集约经营水平和综合生产能力；四要继续大力发展乡镇企业；五要继续深化农村经济体制和经营机制的

① 载人民出版社出版的《十四大报告辅导读本》一书。

改革。

在国民经济新的发展阶段，确定第二产业发展的主要任务，是十分重要的。要加快发展交通、通信、能源、重要原材料和水利等基础设施和基础工业，采取更加有力的政策和措施；机械电子、石油化工、汽车制造和建筑业为经济发展的支柱产业，要抓好加工工业的联合、改组和技术改造，提高它们的素质和水平。

加快发展第三产业，是深化改革、扩大开放的客观要求，是优化产业结构、提高经济效率和效益的需要，是改善人民生活、扩大就业的必要条件，同时也是缓解经济制约因素约束、加速经济发展步伐的战略性措施。而且，我认为，加快发展第三产业，需要正确解决两个方面的问题。一是合理确定第三产业发展的目标和重点。争取用十年左右或更长一段时间，逐步建立起适合我国国情的社会主义市场经济体系、城乡社会化综合服务体系和社会保障体系。这就要求，大力发展与国民经济和人民生活关系密切的行业，积极推动与科技进步相关的咨询业、信息业和各类技术服务业等新兴产业，加快农村社会化服务体系建设。二是实行更加有力的加快发展第三产业的政策和措施。要以企业化、社会化为方向，建立充满活力的第三产业自我发展机制。

1997年，我为《中国21世纪经济走向》①一书撰写了《21世纪中国工业现代化》一文。此文在全面总结分析当时工业发展基本状况的基础上，对21世纪前半期中国工业现代

① 1997年9月由中共中央党校出版社出版。

化发展趋势特点作了论述，提出“加快推进经济增长方式和经济体制两个根本性转变是推进中国工业现代化的必由之路”。我指出，在21世纪前半期，中国工业现代化发展趋势将呈现以下重要特征：一是全国工业总量和规模还将继续扩张，工业经济在相当长时期将以较快速度发展；二是在广泛采用先进技术改造和提高传统工业的同时，新兴产业和高技术产业不断兴起；三是着力提高工业整体素质，坚持把讲求质量和效益放在首位；四是全面推进农村工业化进程，缓解城乡二元经济结构的矛盾；五是区域布局进一步趋于合理，各地区工业现代化建设各展所长；六是在对外开放中发展和提高工业现代化水平。基于这种分析判断，我认为，推进中国工业现代化建设，加快实现“两个根本性转变”，要着力抓好以下方面：一是大力调整和优化工业结构；二是坚持依靠科技进步；三是全面提高工业企业素质；四是制定综合配套政策和加强法制建设；五是深化经济体制改革。

2000年，在如何处理经济发展速度和调整结构关系的讨论中，我撰写了题为《坚持在发展中推进结构调整》①的文章，对“发展是主题、结构调整是主线”作了全面阐述，对正确处理经济发展与经济结构调整的关系发挥了重要的作用。我认为，从根本上说，经济发展与结构调整是有机统一、相互联系、相互促进的。必须用全面、科学的观点，正确地认识经济发展与结构调整之间的关系。正确贯彻在发展

① 发表于2000年第21期的《求是》上，原文标题为《坚持在发展中推进结构调整，在结构调整中保持快速发展》。

中调整结构、在调整结构中快速发展的方针，需要从实际出发，统筹考虑，周密部署，使发展与调整有机结合、相互促进。一是坚持在发展中调整经济结构，以发展带动调整。在实施国民经济战略性调整中，必须使国民经济保持合理发展速度，努力扩大经济规模和总量。二是坚持在结构调整中保持经济快速发展，以调整促进发展。通过产业升级、技术升级提高经济增长质量和竞争力，通过协调地区结构和城乡结构，为经济增长开拓更广阔的空间，通过对所有制结构的完善和国有经济战略性调整，为经济注入新的活力。三是坚持实施兼顾发展与调整宏观经济政策，使二者密切结合。最为紧要的是三大政策：一是社会需求政策；二是产业发展政策；三是投资结构和消费结构政策。我认为，实现经济发展与结构调整相互促进，关键在于推进体制创新和科技创新，充分发挥政府与市场的作用：一是继续深化改革；二是进一步扩大对外开放；三是大力促进科技进步和创新；四是充分发挥政府与市场的共同作用。撰写此文之前，在一次与国务院主要领导研究如何处理速度增长与结构调整的关系时，针对社会上多种不同意见，我明确提出："在发展中加快调整结构，在结构调整中保持快速发展。"领导同志对此观点表示认同，并说，"你可以写一篇文章发表嘛！"之后这个重要观点直接服务于中央的决策。

2002年10月，我撰写《坚持走新型工业化道路》①，从"大力推进产业结构优化升级""实施科教兴国战略和可持

① 原载于人民出版社出版的《十六大报告辅导读本》一书。

续发展战略”等方面，对“走新型工业化道路”战略决策进行了系统、深入的阐述。

我指出，党中央提出的“新型工业化道路”具有丰富的内涵和鲜明的特点。概括起来说，就是充分运用最新科学技术（特别是信息技术）和加速科技进步的工业化，是提高经济效益和市场竞争力的工业化，是走可持续发展之路的工业化，是能够发挥我国人力资源优势的工业化。这是在新的历史条件和时代背景下，加快实现我国工业化、现代化的重大战略部署，是走经济建设新路子的根本指导方针。这是在全面总结国内外工业化经验教训基础上作出的正确决策，是顺应世界科技经济发展大趋势的必然选择，是我国基本国情所决定的必由之路。

我认为，从根本上说，工业化过程就是伴随科技进步、经济不断发展、产业结构逐步优化升级的过程。大力推进产业结构优化升级，一要优先发展信息产业，积极发展高新技术产业；二要坚持用高新技术和先进适用技术改造提升传统产业，大力振兴装备制造业；三要加快发展服务业特别是现代服务业。在推进产业结构优化升级过程中，一定要从我国国情出发，扬长避短，正确处理三个关系：一是正确处理发展高新技术产业和发展传统产业的关系；二是正确处理发展资金技术密集型产业和发展劳动密集型产业的关系；三是正确处理发展虚拟经济和发展实体经济的关系。

我认为，坚持走新型工业化道路，必须发挥科学技术作为第一生产力的作用；必须正确处理经济发展与人口控制、资源和环境保护的关系；必须进一步消除束缚生产力发展的体制障碍，充分利用国内国外两个市场、两种资源，提高经济效益和竞争力；必须继续实施科教兴国战略，大力实施可持续发展战略；必须坚持以改革开放为动力，全面提高对外开放水平，以开放促改革促发展。以上这些重要观点，对引导社会舆论、贯彻中央决策发挥了积极作用。

七 社会发展研究

40年来，我一直重视对社会发展问题的研究。特别是对教育事业发展、劳动就业、社会保障制度等方面的研究从未间断。

（一）大力发展教育事业

发展教育事业，对于国民经济和社会发展以及中华民族的文明昌盛都有巨大的作用。在我的人生经历中，对教育事业始终抱有深切的情怀。从报考大学三个志愿都填写师范院校，到大学毕业后在内蒙古牙克石林区从事教育工作，之后到中央、国家机关综合部门履职，直到前些年回到母校北京师范大学当"志愿者"，这里有组织安排的因素，但更多的是个人的志愿选择。教育事业发展研究是我学术研究生涯的有机组成部分。

我到国家计委工作不久，就从基础教育发展研究入手，持续进行教育事业发展的学术研究和务实研究。1981年，我在翻阅国内外大量资料和梳理教育界现状的基础上，撰写了题为《关于我国实行义务教育制度的初步探讨》的研究性文章，送给我的母校北京师范大学校刊《北京师范大学学报》编辑部。当时，怕别人说我“不务正业”，此文没有署真实姓名，是使用“卫国强”的笔名。这篇文章受到当时学校编辑部负责人王炳照老师的赞许，于是发表在《北京师范大学学报》（社会科学版）1981年第4期。

这篇学术文章开宗明义：随着“全国工作着重点转到社会主义现代化建设方面来”，“现在我们应当进一步研究如何更好地发展教育事业，加强智力开发，做到早出和多出人才，以利于国民经济的发展和现代化事业的前进。在思索这个问题的过程中，我认为，尽早地在我国推行义务教育制度是一个应当研究的重要课题”。针对当时社会上存在的我国要不要、能不能办义务教育的争议，我就怎样看待义务教育问题，“包括如何理解义务教育制度？世界各国推行义务教育制度的状况怎样？为什么我国应该尽早实行义务教育制度以及应当怎么去实行？”作了深入探讨，发表了自己的主张和见解。文章认为，关于“义务教育制度”的定义，“就是一个国家和地区以法律规定并采取经济和社会措施，保证一定年龄的儿童和青少年必须接受一定程度的教育，发展教育事业的制度”；并论述了三个方面的基本内涵，阐明世界上发展义务教育的历史进程和当今世界各国推行义务教育出现的三个突出特点。文章写道：“在我国现实条件下，要不要和能不能实行义务教育制度呢？我认为，应当作出肯定的答案。”并分别“从我国教育事业同国民经济关系的现状看”“从我国的伟大前程看”“从今后发展国民经济的战略方针看”，阐明了“答案”的具体依据。论文针对当时一些人不同意实行义务教育制度的观点，作了有理有据的回应。

该文对我国怎样推行义务教育制度，明确提出了几个方面的主张和建议：①把推行义务教育当作推进现代化事业的重要国策；②实行全面规划、因地制宜、区别对待、逐步实施的方针；③国家应当尽可能地逐步增加教育经费；④广开兴办义务教育的渠道；⑤大力培养足够数量和较高质量的中小学教师，提高教师的社会地位和生活待遇；⑥把推行义务教育同改革劳动制度和干部制度结合起来；⑦尽快制定和颁布义务教育法，并且纳入国家宪法。在论述“提高教师的社会地位和生活待遇”中还强调，加快发展教育事业、普及义务教育，“应当抓好以下几条：第一，努力增建一批师范院校和教师进修院校，以培养更多的中小学教师，提高教师的政治觉悟、文化知识水平和教学业务能力。第二，全党全民都要尊重教师，普遍提高中小学教师的社会地位，经常组织教师听取一些必要的政治报告和文件传达，大兴尊师重教的良好社会风气。第三，逐步适当地提高中小学教师的工资水平和其他福利待遇。应当使中小学教师平均月工资高于同年龄的工人、接近高等院校教师的水平，要有计划地逐步提高民办中小学教师的生活水平，有选择地分批使他们转为国家职工；有些人不一定能转为公办教师，但要采取措施努力使他们的政治和生活待遇同公办教师相近。第四，建立我国的‘教师节’并要明文规定教师的休假、疗养、旅游等制度，以利增强人民教师的光荣感、责任感和激励他们奋发向上的进取精神”。以上大段引出全文，是由于该文的发表距离现在已有38年了，又由于是用笔名发表，时至今日应该如实地记载下来，表明我一直对发展教育事业特别是建立义务教育制度、提高中小学教师地位的极大关切。还应该指出，当时我在这篇文章中阐述的重要观点、主张和想法，是极富创见、相当超前的，具有重要学术价值和实践意义，广为社会关注，对国家不久即决定实行义务教育制度、1985年建立“教师节”等重大决定，起到了积极的推动作用。

1982年9月，党的十二大会议上，把解决好教育和科学问题确定为我国经济发展的战略重点之一，决定大力发展教育和科学事业。我随即撰写了《为什么要大力发展教育和科学事业》[①]一文。文章从三个方面深入论述了把教育和科学作为经济发展的战略重点的理论依据和实践依据。首先，是由它们在社会主义现代化建设中的重要地位决定的。四个现代化的关键是科学技术现代化，没有现代化的科学技术，就不可能建设现代化的工业、现代化的农业和现代化的国防。而教育事业则是为“四化”建设培养和造就人才的。从这个意义上说，它不仅是科学技术现代化的基础，也是整个现代化事业的基础。其次，是走出经济建设的新路子，实现今后二十年宏伟目标的关键措施。提高国民经济的计划、管理水平和企业经营管理水平，建立和发展一批诸如电子、信息、石油化工等新兴工业部门，都离不开发达的教育和科学事业。最后，由于我国这方面现有水平远不适应经济建设的要

① 刊登于1982年9月28日的《解放军报》上。

求，而改变它们的落后状态需要一个较长的时间。为了尽快改变我国目前人才缺乏和科学技术落后的状况，就必须高度重视和大力加强教育和科学事业。文章认为，“只有这样，才能顺利地开创社会主义现代化建设的新局面，保证今后二十年宏伟目标的胜利实现”。

1982年前后，全国有半数县的适龄儿童入学率不到95%，普及初等教育刻不容缓。那么究竟应该如何普及教育呢？这时，由我执笔，与柳随年、王泓同志合作，就该问题发表了《从我国实际情况出发走自己普及教育的路子》[①]。在我之前研究的基础上，进一步作了如下阐述：普及教育也应该同整个现代化建设一样，认真研究我国的国情，从实际出发，走我们自己的道路，至少应该具有以下三个特征：其一，广开财源，多渠道解决办学资金问题；其二，坚持公办与民办并存，建设一支稳定、合格的教师队伍；其三，因地制宜，采用多种形式办学。推行义务教育制度是普及教育的必由之路，也应该从我国实际出发实行义务教育，着重采取五项措施：①国家尽早制定和颁布符合我国国情的初等义务教育法，正式实行义务教育制度；②尽快制定全国实施初等义务教育的专项规划；③适当增加初等教育经费，努力改善办学条件；④抓紧扫盲工作，首先扫除青壮年中的文盲；⑤认真总结、推广农村普及小学教育的经验。“对那些普及初等教育的先进经验，要加以总结和推广，从而更好地走我国自己普及初等义务教育的道路。”这些观点和主张，是符合我

① 刊登于1983年第27期的《计划经济研究》上。

国实际的，有利于在全国逐步推行义务教育制度。

1987年10月召开的党的十三大强调："百年大计，教育为本。"我随即撰写了《坚持把发展科学技术和教育事业放在首位》[1]一文，提出加强智力开发的战略和政策，深入阐述充分认识加强教育事业的极端重要性，提出我国教育事业发展战略应当遵循的主要原则和方针，发展教育的战略任务和对策，逐步增加教育投资，大力提高投资使用效益。此外，还阐述了应充分发挥知识分子的重要作用等观点。

可以说，我在20世纪80年代对教育事业发展的理论研究和撰写的文章，为我打下了较为扎实的教育学术理论基础，积累了较为丰富的教育事业知识，为以后在国务院研究室、国家行政学院和北京师范大学履职中重视和支持教育发展，服务党中央、国务院关于教育工作的重要决策，奠定了重要基础。

（二）改革退休养老保障制度

新中国成立以后，我国根据苏联经验在一部分职工中逐步建立了退休制度，促进了生产建设发展，但存在不少弊病。党的十一届三中全会以后，要求改革的呼声越来越高。但是为什么要改革、怎样进行改革等问题，在理论上还没有得到回答。早在1982年，我和李铁军合作，发表了《改革和

① 见魏礼群与桂世镛合著的中国计划出版社出版的《论我国社会经济发展战略》一书。

1994年12月，中国社会学会社会发展与社会保障研究会成立大会，前排左七为魏礼群，前排左九为王春正，前排左十为陆学艺。

健全退休、养老保险制度的初步设想》[①]，这是我研究社会保障问题的起点。我们认为，当时我国职工退休制度的主要问题表现在：一是职工退休金由国家和企业包下来，国家和企业的负担越来越重；二是扩大了企业间的苦乐不均；三是退休金发放标准不利于激励劳动者在职期间积极进取；四是实行退休、养老保险制度的范围不广；五是国家没有统一管理劳动者退休、养老保险的机构，影响了社会保险事业优越性的发挥。基于此，我们提出，改革和健全这一制度的基本原则和方向应该是：①逐步地在全体劳动者中实行退休、养老保险制度；②推行退休、养老保险金预先定期提取、缴纳的制度；③采取多种方法筹集退休、养老保险金，根据不同情况，可采取公助与自主相结合、强制与自愿相结合的原则，从国家、集体、个人三个方面筹集退休、养老保险金；

① 刊登于1982年第33期的《计划经济研究》上。

④制定有区别的、鼓励上进的退休、养老金发放标准；⑤普遍建立社会保险机构，统一管理退休、养老人员；⑥制定我国公民退休、养老保险法。

1995年4月，我主持召开社会发展与社会保障研究会年会，主要任务是总结研究会成立以来的工作，交流重点课题研究和学术研究成果，讨论研究会今后的工作。我作了《在全国社会发展与社会保障研究会（1995）年会上的工作报告》[①]，对研究会成立以来的主要工作作了总结，并进一步明确研究会进行课题研究和学术交流的指导方针。由我担任课题总负责人的《关于中国社会保障制度基本模式研究》主报告，全面分析了我国社会保障制度的演变与当前存在的主要问题，提出了改革社会保障制度的原则，城镇养老保险制度改革和失业保险、医疗保险、工伤保险制度改革的设想，以及建立社会救助、社会福利、社会优抚和农村老年保障与合作医疗制度的设计，并提出了加强统一领导与宏观调控，搞好配套改革等相关措施。这是我国较早提出的较为系统的社会保障制度改革的学术研究成果。我指出，建立城镇一体化养老保险体制的意义在于，使城镇不同所有制企业都合理承担社会保障费用，共同承担养老保险基金，体现社会保险的分摊与补偿功能，创造平等的竞争条件，促进社会主义市场经济的建立。

我认为，社会统筹与个人账户相结合，其主要含义是：基本养老保险基金由两部分组成，即由社会统筹养老基金和

① 收入辽宁出版社出版的《中国社会全面发展战略研究报告》一书。

个人账户养老基金组成。这一具有中国特色的基本养老保险模式的优越性体现在六大方面：一是仍具有社会保险性质；二是具有较强的激励功能；三是有利于促进劳动力市场的形成；四是有利于“现收现付”与“部分积累”相结合筹资模式的实现；五是有利于基本模式统一、保障水平有别的养老保险制度的建立；六是有利于城乡养老保险制度的接轨。总之，社会统筹与个人账户相结合，可以发挥社会再分配与个人强制储蓄型保险两种机制的优越性。

我认为，实行社会统筹与个人账户相结合的模式后，个人账户属新建制度，需要注意如下问题。首先，职工个人缴费，需要逐步提高。非公有制企业的从业人员，工资水平较高，缴费比例可以一步到位；公有制企业的从业人员，多数人承受能力有限，缴费比例很难一步到位，开始时不宜过高，以工资收入的3%为宜。其次，个人缴费比例达到8%～10%，其一年储蓄积累的绝对额还是有限的，真正达到社会统筹基金与个人账户基金各占一半的程度，并能够支撑个人退休后使用，需要20年或更多的时间。实现社会统筹与个人账户相结合的过程，从长远看是个人账户基金逐步加大、社会统筹基金逐步收缩直至两者达到基本均衡的过程。达到两者各占一半的程度时，也即新体制建成之日。

1995年8月，我（时任中央财经领导小组办公室副主任）就城镇养老社会保险制度改革问题接受记者访问。当时我对城镇养老社会保险制度改革的基本模式已经有了一个构想，撰写了《如何建立城镇养老社会保险制度》[1]一文，基本构想是逐步建立统一的社会养老保险制度，推行城镇法定的基本养老保险，实行社会统筹和个人账户相结合。对为什么要建立城镇一体化社会养老保险体制，基本养老保险制度坚持“社会统筹与个人账户相结合”的原则的含义、优越性以及需要注意的问题，如何确定退休金待遇水平等问题作了详细阐述。针对合理确定退休金待遇水平问题，我认为，要适应生产力发展水平，主要是合理确定退休金替代率，而要确定退休金替代率，必须考虑历史的连贯性、恩格尔系数的高低以及社会生产力发展水平。我认为，我国城镇职工退休金替代率总水平，相当于退休前一段时间平均月工资性收入的60%～65%为宜。个人账户储蓄积累多的，应允许其退休金替代率高于平均替代率，体现多交多得；对低收入人员，要有一定的保障措施，使其退休金替代率高于平均数。

1996年8月，我在为《1996—2010年中国社会全面发展战略研究报告》一书所写的序言中，深入阐述了研究社会发展和社会保障问题应当遵循的“五个坚持”原则，包括：“坚持以建设中国特色社会主义的理论为指导”“坚持经济与社会协调发展，互相适应相互促进”“坚持从我国的国情出发，走有中国特色的社会主义社会发展道路”“坚持以人的全面发展为中心，促进国民素质的全面提高”“坚持深化改革，多渠道增加投入，吸收社会资金广泛参与”。这五个

① 刊登于《学习·研究·参考》1995年第8期。

基本原则，是当时较早提出的关于社会发展和社会保障问题研究的方法论，也成为我此后从事社会学和社会治理问题研究一以贯之的重要方法和思想基础。

2000年10月，我撰写了题为《加快完善社会保障制度》[①]的文章，进一步深入论述了加快完善社会保障制度的必要性和紧迫性，以及基本目标和要把握好的几个问题。我指出，加快完善社会保障制度的必要性和重要性体现在四个方面：①这是在21世纪全面建设小康社会的必然要求；②我国现行的社会保障制度尚不健全，必须进一步加快建设；③这是我国经济结构战略性调整的重要条件；④这是应对21世纪人口老龄化挑战的迫切需要。完善社会保障制度的基本目标是，加快形成独立于企事业单位之外、资金来源多元化、保障制度规范化、管理服务社会化的社会保障体系。完善社会保障制度，需要把握好四个问题：一是社会基本保障的标准要与我国经济发展水平以及各方面的承受能力相适应；二是建立稳定、可靠的社会保障资金筹措机制；三是加快社会保障制度的法制建设；四是建立社会化的科学管理体制。这是形成独立于企事业单位之外的社会保障制度的核心。完善社会保障制度，当前需要做好以下主要工作：一是继续把“两个确保”作为首要任务抓紧抓好，“两个确保”就是确保按时足额发放国有企业下岗职工的基本生活费，并代他们缴纳养老、医疗、失业保险费和确保按时足额发放离退休人员的

① 收入人民出版社出版的《中共中央关于制定国民经济和社会发展第十个五年计划的建议：学习辅导讲座》一书。

养老金；二是精心做好完善城镇社会保障制度的试点工作；三是进一步健全失业保险制度；四是加强城市居民最低生活保障制度建设；五是积极稳妥推进城镇职工基本医疗保险制度改革；六是建立可靠、稳定的社会保障资金筹措、有效运营和严格管理机制；七是切实加强领导，做好各项政策的宣传解释工作。这些思想观点对深化我国社会保障制度改革起到积极推动作用。

（三）妥善解决就业问题

解决就业问题，始终是我国社会主义现代化建设中需要高度重视的问题，多年来，我一直注意这方面问题的研究。

就业是民生之本。早在1982年10月，我在《论从我国国情出发进行现代化建设》一文中，就明确主张要“坚持广泛就业的方针”，这“既能充分发挥我国劳动力众多的优势，推动生产建设的发展，又能保持社会安定团结的局面”。20世纪70年代末，我国开始改革计划经济体制及其管理模式，在经济多年取得两位数高速增长的同时，初步形成中国特色的就业管理服务体系。20世纪末21世纪初，对就业现状的分析和未来趋势的预测表明，我国进入了新一轮失业高峰。城镇居民下岗失业和农村劳动力不充分就业等问题直接影响经济体制改革和国民经济发展，已到了非解决不可的地步。因而，我于2000年1月撰写了题为《中国就业现状分析与对策思路》的研究报告，在对我国城乡就业现状、城乡就业的政策与效果进行全面分析和梳理后认为：“今后几年，我国劳动力供大于求的矛盾进一步加剧，就业压力进一步加大，必须采取切实可行的措施，在做好就业长远规划的基础上，综合运用积极的宏观经济政策、劳动力市场政策等措施，缓解就业压力，促进失业人员再就业。”此研究报告提出，目前我国城乡就业的政策主要包括国有企业下岗职工基本生活保障和再就业、劳动力市场、农村劳动力就业、职业技能培训等几个方面，并对未来3~5年我国就业形势进行预测及提出一些对策，包括做好下岗职工基本生活保障和再就业工作，加强劳动力市场科学化、规范化和现代化建设，加强职业培训，正确处理城乡关系，促进农村就业等。

2001年全球就业论坛提出：“工作是人们生活的核心，是人们生存、融入社会、实现自我和为后代带来希望的手段。因此，工作是社会和政治稳定的关键。”可见，就业问题越来越引起各国政府和国际社会的重视。2002年9月，我在为《开拓再就业之路：国内外促进就业的做法》[①]一书所写的序言——《积极促进就业和再就业》中，全面阐述了“必须把促进就业和再就业作为一项重大而紧迫的任务”。在此基础上，明确提出“研究借鉴国外市场经济国家解决就业问题的做法”，包括：①实行积极的就业政策，扩大就业需求；②大力调整就业结构，积极开拓就业岗位；③实行就业优惠政策，促进人员再就业；④加强就业培训，完善就业服务；⑤加强劳动就业立法，完善失业保险制度。同时，提出要认真总结和推广国内各地促进就业的经验，包括：①强

① 2002年9月由中国言实出版社出版。

化政府职责，建立就业目标责任体系；②大力开拓就业领域，努力创造就业岗位；③发展灵活多样的弹性就业方式，积极开发公益性就业岗位；④实行就业优惠政策，加大扶持力度；⑤加强职业生涯培训和就业服务，加快劳动力市场建设。该文还提出了需要正确认识和处理好四个关系：①正确认识和处理好效率与就业的关系，既要着力增强经济竞争力，又要积极缓解就业压力过大的矛盾；②正确认识和处理好政府与市场的关系，既坚持市场化就业取向，又高度重视政府的宏观调控与管理；③正确认识和处理好就业与社会保障的关系，在加快完善社会保障体系的同时，下大力气做好就业和再就业工作；④正确认识和处理好解决当前就业问题与长远就业的关系，既高度重视解决当前就业面临的紧迫问题，又把促进就业作为我国经济社会发展的一项长期战略任务。

2004年6月，我撰写了《解决中国就业问题的战略思考研究报告》，对高度重视解决就业问题的必要性进行阐述，强调要“充分认识中国就业问题的长期性、艰巨性、复杂性”，提出解决就业问题的基本方针和主要途径：①加快经济发展，增加就业岗位；②实行积极就业政策，鼓励扩大就业；③创新就业方式，拓宽就业渠道；④完善就业服务，改善就业环境；⑤加强职业培训，提高就业能力。并指出，我国就业问题是一个全局性的问题，必须从整个国民经济发展的视角，从改革开放的大背景出发，进行全面的、战略性的思考，需要正确认识和处理好政府与市场的关系，工业化、信息化、城镇化与扩大就业的关系，体制改革、结构调整与扩大就业的关系，城乡就业、新增劳动力就业与再就业的关系。这些重要建议，为党和政府解决就业领域的问题提供了智力支持。

解决好农民工问题，既是关系改革发展稳定全局的迫切任务，也是建设中国特色社会主义的战略任务。2006年新春，《国务院关于解决农民工问题的若干意见》正式发布，同年3月28日，我发表《全社会都要关心和保护农民工》①，就农民工问题谈了自己的看法。我指出：当前农民工在培训就业、劳动工资、社会保障、公共服务等方面面临不少问题，各级政府要切实加强和改善对农民工工作的领导，真心实意地为农民工办实事、解难事、做好事，使农民工和城市职工享有同等权利和义务，同时要引导农民工全面提高自身素质。

2007年11月26日，我撰写了《加快推进以改善民生为重点的社会建设》②一文，对深刻认识加快推进以改善民生为重点的社会建设的重大意义进行阐述，并提出加快推进以改善民生为重点的社会建设的主要任务：①优先发展教育；②实施扩大就业的发展战略；③深化收入分配制度改革；④加快建立覆盖城乡居民的社会保障体系；⑤建立基本医疗卫生制度；⑥完善社会管理。同时，需要正确认识和处理好经济建设与社会建设、尽力而为和量力而行、政府主导与社会参与、增加投入和深化改革的关系。这是我比较系统地论述社

① 刊登于《人民日报》2006年3月28日头版。

② 刊登于《求是》2007年第22期。

会建设的重要文章，在社会上产生了广泛的影响，对深入阐释党的十七大精神和加快推进社会建设起到积极作用。

（四）社会发展战略研究

1995年9月，党的十四届五中全会通过了《中共中央关于制定国民经济和社会发展“九五”计划和2010年远景目标的建议》。1996年3月，八届全国人大四次会议审议通过了《中华人民共和国国民经济和社会发展“九五”计划和2010年远景目标纲要》。这两个具有重要历史意义的会议所完成的共同使命，是明确提出了今后15年我国经济社会发展的奋斗目标、主要任务和一系列重要方针、政策、措施，为我国改革开放和现代化建设绘制了宏伟蓝图。

1995年10月5日，在中国社会学会社会发展与社会保障研究会年会上，我作了题为《大力推动我国社会全面发展和进步》的主旨报告。我提出，把推动社会全面发展放在重要战略地位，这是一个具有全局意义的重要决策，它是建立在世界发展大趋势和科学理论的基础上的，是完全正确和及时的历史性抉择。随着改革开放的不断推进，经济建设规模的不断扩大，经济体制和经济增长方式的不断转变，许多社会发展方面的问题日益突出。我指出，从当前情况和今后一个时期趋势看，社会发展领域需要认真研究和解决的问题有很多，集中体现在五个方面。一是劳动就业和劳动力流动的问题，包括：城镇失业人员逐年增多；隐性失业和就业不充分问题严重；农村劳动力流动规模巨大，流向集中，带有一定的盲目性。二是部分社会成员之间收入差距悬殊，包括：国民收入分配过分向个人倾斜；行业收入差距扩大；等等。三是地区发展差距扩大。四是环境保护和生态平衡问题突出。五是社会主义精神文明建设有待加强。基于这些问题，我进一步指出，社会发展研究应当注意处理好若干重要关系，包括：一是正确处理经济发展与社会发展的关系；二是正确处理物质文明建设与精神文明建设的关系，真正做到两手抓、两手都要硬；三是正确处理劳动就业与经济增长的关系；四是正确处理效率与公平的关系；五是正确处理社会事业发展中国家、企业、个人三者投入的关系；六是正确处理社会效益与经济效益的关系。

为了深入系统推进中国社会发展战略研究，1996年8月，我与李培林、宁吉喆合作撰写了《1996—2010年中国社会全面发展战略研究报告》。这是国内最早系统完整地研究社会发展战略的重大成果，深入阐述了中国社会全面发展的战略构想。这个研究报告的主要观点包括以下八个方面。

一是建立"经济活动主要靠市场，社会发展主要靠政府"的总体调控战略。社会发展是整个国家发展体系中的重要组成部分。中国的社会发展具有特殊性，面临着社会结构转型和经济体制转轨的历史性变革。中国的社会事业发展，不能指望市场自发地去促进，而必须在发挥市场机制作用的同时，依靠政府调控的有效功能，去引导和调控社会事业发展，使得经济增长与社会发展相协调。

二是中国社会发展的战略目标，应当建立在"保障生存"与"持续发展"的基础之上。"保障生存"与"持续发展”构成了中国社会发展战略的最低目标与最高目标，从质和量两个方面规定了我国现阶段和21世纪的社会发展水平和社会发展方向，也是建设中国特色社会主义的重要组成部分。“保障生存”不应当与“持续发展”截然分开。应当看到，社会发展事业本身有短期的“应急措施”，也有长期的“基本建设”，无论是物质的形式，还是政策的形式，都要服从统一的原则，即只有把社会发展战略的主要点，纳入“保障生存”与“持续发展”的总体目标之中，才能制定出比较科学的国家社会发展计划。

三是中国社会全面发展战略的出发点，是坚持经济与社会的协调发展。唯有“经济增长”与“社会发展”达到协同进步、互为调适和良性互补，才是一个国家综合国力不断增强的健康体现。经济发展必然涉及区域开发和“资源—生产—市场”的链式过程，它十分注重“人与自然”之间关系的优化；而社会发展必然涉及社会稳定、生活富足、环境舒适、文明道德和整体有序的内在表达，它更加注重“人与人”之间关系的优化。只有当这两个方面的优化满足特定发展阶段的要求时，才能说社会发展的长期战略是成功的和可取的。

四是20世纪末，中国社会发展的基本目标是“进入小康社会”。基于对北欧、欧共体、世界银行等社会发展报告的分析，中国作为世界上人口最多的发展中国家，可能在2000年达到小康社会，而后再经过50年即到2050年时，社会发展将由小康社会的低级阶段进入较高阶段。在这个分析的基础上，提出了小康社会的标准体系，主要包括25个指标。这也是国内最早提出的小康社会指标体系之一。

五是社会发展的根本目的，在于提高全国人民生活水平和社会主义精神文明水平。在制定社会发展计划时，应着力考虑如下四个基本方面：必须努力提高全社会的生活质量；必须努力统一全社会的价值观念；必须努力整合全社会的有序能力；必须努力健全全社会的道德约束。基于此，针对1996—2010年这15年的中国社会发展任务进行了总体规划和设计。

六是社会发展战略的一个重要方面，是寻求和维系“环境与发展”的广义平衡。社会发展的长期战略，在处理“环境与发展”这个两难问题时，应当考虑到以下九大约束条件：改善环境质量的艰巨性；有效利用资源的困难性；建立完备社会保障体系的复杂性；对未来选择的不确定性；实现人口数量零增长的长期性；保护自然资源所需付出的代价；提高教育水平和科技进步能力所需付出的巨大努力；促进可持续发展的紧迫性；保持社会长期稳定的艰巨性。化解这九项约束条件，是中国社会发展战略必须考虑的基本内容。

七是落实社会发展战略要积极发挥政府调控作用，建立十大调控体系。这十大调控体系主要包括：社会福利公正调控体系、区域发展均衡调控体系（空间互补的基础）、国民教育普及调控体系（人力资本的建设）、社会保障制度调控体系（社会有序的基础）、生活环境舒适调控体系（利己利他的平衡）、社会道德认同调控体系（自律互律的基础）、社会抗逆能力提高的调控体系（自助互助的基础）、科学文化提高的调控体系（社会文明的基础）、社会公益事业扩大的调控体系（认识人的价值）、社会可持续发展的调控体系（社会发展的目标）。

八是推进社会发展战略，必须促进发展观念的转变及发展模式的正确选择。中国社会发展的长期战略，应当全面地促进发展模式的转变，即由传统的发展模式向可持续发展模式转变。而发展模式转变的前提是，发展观念的转变，集中体现在如下十个方面：建立工业生态化的技术体系；建立资源节约化的技术体系；建立废物资源化的技术体系；建立能源清洁化的技术体系；建立农业持续化发展的技术体系；建立食品绿色化的技术体系；建立城市花园化的技术体系；建立区域环境恢复与重建的技术体系；建立高新环保产业的技术体系；建立环境与发展的伦理道德体系。这十种体系的核心是现代社会发展观念的具体化，也是正确选择发展模式的重要方面。

以上对社会发展战略的八个方面的研究，富有整体性、全面性、超前性和创新性，许多观点具有重要的学术价值、理论价值和应用价值，不仅有利于引导社会发展的目标、任务和路径研究，也为后来工业化、现代化建设的丰富实践所验证。

八 加强和创新社会治理研究

从事社会治理领域问题的研究，是我多年来特别是近些年来的学术研究和决策咨询研究工作的重要方面。这一方面是党和国家与时俱进提出的战略性任务，另一方面是我服务党和国家战略需求的主动选择。在社会治理研究方面，我主要进行了一些重大课题研究，创办社会治理论坛和组织教育培训等工作。

（一）主持创新社会治理重大课题

2010年10月，党的十七届五中全会审议通过《中共中央关于制定国民经济和社会发展第十二个五年规划的建议》，强调要加强和创新社会管理。2010年12月6日，新华社记者对我就“加强和创新社会管理”问题进行专访。在此次采访中，我对为什么要加强和创新社会管理、哪些是当前加强社会管理的挑战和任务，以及如何理解健全社会管理格局的要求等问题作了相关阐释。

在这次专访之前，即2010年11月，按照国务委员兼国务院秘书长马凯的要求，由我组织国家行政学院、民政部等国务院有关部门和北京市、河北省等有关负责同志成立课题组，对“加强和创新社会管理研究”这个重大课题进行深入研究。11月2日，“加强和创新社会管理研究”课题组召开启动会议，我作了题为《深入研究加强和创新社会管理问题》的讲话，全面阐述了加强和创新社会管理课题研究的必要性和重要性，提出了必须准确把握课题研究的主要任务和重点方面：①如何科学认识社会管理的内涵和边界；②如何把握中国特色社会管理应遵循的基本原则；③如何总结提升我国在改革开放实践中积累的新鲜经验；④如何改革和创新社会管理体系；⑤如何实现社会管理向社会治理转变。此时，我已提出并阐明“社会治理”与“社会管理”的区别，并指出社会管理向社会治理转变的问题。由于加强和创新社会管理研究的政治性、政策性和专业性都很强，涉及的领域广、范围大、问题多，为了开展好研究，我特别提出了六点要求：①明确任务、服务大局；②解放思想、改革创新；③突出重点、攻克难关；④深入实际、调查研究；⑤注重质量、讲求实效；⑥通力合作、集思广益。这篇讲话刊登于《国家行政学院学报》2011年第1期。

在主持“加强和创新社会管理研究”这个重大课题的过程中，有几件值得记述的事情。一是应中共中央宣传部主管的学习出版社之邀，主持编写《加强和创新社会管理讲座》[①]，组织社会管理研究的专家从理论和实践的结合上作了深入阐述，我主笔写了第一讲——《加强和创新社会管理的重大意义和主要任务》。这是比较早的系统论述加强和创新社会管理问题的专著，产生了较大的社会影响。二是组织编写《社会管理创新案例选编》（上、中、下册），由人民出版社于2011年8月出版。这部书汇集了全国有关地区近年来社会管理实践中的新做法，我将这部书报送党中央、国务院各位领导和各省区市党委、政府主要负责人参阅。之后，许多领导人打来电话或写信赞许，认为此书编写得很及时，很让人受益。这对在全国推进社会管理实践创新起到了重要作用。此后，又陆续编辑出版了三本《创新社会治理案例

① 2011年8月由学习出版社出版。

选》，都颇受社会欢迎。三是应邀到国家发改委、国家统计局等部门和贵州等地作报告，深入阐述加强和创新社会管理的重要性和重点任务，以及国家宏观调控部门在加强和创新社会管理中的重要作用。四是应新闻媒体之邀阐释中央的相关决策和部署。这些举动推动了理论研究和实际工作。

2011年5月31日，我发表《加强和创新社会管理是重大决策》一文，对社会管理既要加强也要创新作了深入分析。我认为，加强社会管理的关键，是要从思想上、工作布局上更加重视社会管理，必须真正把加强社会建设和社会管理放在突出重要的位置，采取更加有力的措施，切实改变经济建设与管理、社会建设与管理“一手硬”“一手软”的现象。创新社会管理：第一，要创新社会管理理念；第二，要创新社会管理主体；第三，要创新社会管理方式；第四，要创新社会管理环节；第五，要创新社会管理手段；第六，要创新社会管理体制。加强和创新社会管理需要抓好一些重点任务：①完善社会管理工作格局；②加强动态调节和化解机制建设；③加大流动人口和特殊人群管理与服务力度；④提高基层社会管理和服务水平；⑤健全公共安全体系；⑥加强非公有制经济组织、社会组织的管理；⑦改进和完善虚拟社会管理；⑧着力提高全民族文明素质。此外，尤其要不断提高群众工作的能力和水平，探索群众工作的新途径和新办法，增强群众工作的实效。我们不仅要重视做好群众工作，还要准确把握新形势下群众工作的新特征，把加强和创新社会管理作为群众工作的着力点，深入基层，深入群众，及时发现新情况和新问题，紧紧依靠群众解决问题。

此时，我又发表了《加快构建中国特色社会管理体系》[①]一文，从不断提升社会管理科学化水平和社会管理格局四位一体、相辅相成的角度对该课题作进一步阐述。这是国内学界较早对加强和完善中国特色社会管理体系进行系统阐述的文章。我指出，加强和创新社会管理是时代提出的新课题，适应我国经济社会发展的新形势新情况。深入贯彻落实科学发展观，发展中国特色社会主义事业，实现全面建成小康社会的宏伟目标，都必须加强和创新社会管理。我认为，加强和创新社会管理，必须科学认识社会管理的内涵和边界。在我国社会、政治体制下，社会管理是指党委和政府以及其他社会主体运用法律、法规、政策、道德、价值等社会规范体系，直接或间接地对社会领域各方面、各环节进行服务、协调、组织、监控的过程和活动。加强和创新社会管理，一方面，必须遵循人类社会发展的普遍规律；另一方面，必须遵循中国特色社会主义发展的特殊规律。提高社会管理科学化水平，既要加强社会管理，也要创新社会管理。加强社会管理，需要从四个方面着力：一要加强法律法规和政策体系建设；二要加强公共安全体系建设；三要加强社会管理能力建设；四要加强社会管理人才队伍建设。社会管理格局四位一体、相辅相成。党委领导是根本，政府负责是关键，社会协同是依托，公众参与是基础。党委领导，就是要发挥党委在社会管理格局中总揽全局、协调各方的领导核心

① 刊登于《紫光阁》2011年第5期。

作用。政府负责，就是要强化政府的社会管理职能，做到职能到位，既不越位，也不缺位。社会协同，就是要发挥各类社会组织的作用，组织社会力量参与社会管理。公众参与，就是要充分发挥人民国家人民管理的作用，引导公民依法、理性、有序参与社会管理。

2011年10月24日，“中欧社会管理论坛”在国家行政学院举行。我以“新形势下的社会管理：挑战与机遇”为主题，发表主旨演讲，主要就加强和创新社会管理、完善和发展中国特色社会管理体系作了全面阐述[①]。我指出，完善和发展中国特色社会管理体系，是一个系统工程、长期任务，需要着力做好以下几项工作：①进一步完善社会管理组织体系；②进一步完善社会管理制度体系；③进一步完善维护群众权益机制体系；④进一步完善公共服务体系；⑤进一步完善社会规范体系；⑥进一步完善公共安全体系；⑦进一步完善虚拟社会管理体系。这篇演讲受到与会者的好评。

2012年2月，应《经济日报》之邀，撰写《着力推进社会管理创新》[②]一文，从七个方面对完善和发展中国特色社会管理体系提出建议。完善和发展中国特色社会管理体系，需要从多个方面提供保障和支持，尤其应当做好以下几个方面的工作：一是树立科学发展理念；二是全面深化体制改革；三是增加社会建设投入；四是推进社会管理法治化；五是提高社会管理科学化水平；六是深化社会管理理论创新和

① 全文以《完善和发展中国特色社会管理体系》为题，发表于2012年第1期的《行政管理改革》上。

② 刊登于《经济日报》2012年3月2日。

政策研究。这篇文章发表后，受到中央高层和社会各界的广泛关注。

（二）举办中国社会治理论坛

中国社会治理论坛是北京师范大学中国社会管理研究院建设新型社会治理智库的重要依托和平台。从2011年到2018年，已连续举办8届。每届论坛上发出的声音，都被称为“中国社会治理研究领域的风向标”。我在每年一度的中国社会治理论坛上都发表主旨演讲，每次都与时俱进地系统阐述中国社会治理理论创新与实践创新的进展，并提出不少新概括、新观点、新论断，在一定意义上代表了我国社会治理领域研究的新成果。这些主旨演讲体现了我对社会治理问题不断创新研究的精神追求，也凝结了我多年来的学术思考历程，是我的社会治理研究成果中重要和宝贵的组成部分。这里着重记述我8次在中国社会治理论坛上作主旨演讲的一些创新性概括、创新性观点和创新性论断。

（1）“学科建设论”。2011年5月7日，首届中国社会管理论坛与中国社会管理研究院成立大会一起举办，我发表了《在中国社会管理研究院成立大会上的讲话》。这篇讲话，是我对成立中国社会管理研究院的思考，蕴含了较为丰富的社会管理学思想。其中，一个突出而鲜明的观点是，从学科建设的高度来推进社会管理问题研究。应当说，这是国内较早鲜明地提出开展社会管理学科建设的重要思想和观点，这有助于社会管理研究在大学深度扎根、枝繁叶茂。我认为，开展社会管理领域的思想理论研究，推动社会管理学科建设，就要积极适应国家对社会管理的需求，开展社会管理战略性、前瞻性和创新性研究，在重视基础研究的同时，重点进行应用性研究。也就是说，社会管理研究要坚持“基础性”与“应用性”双轮驱动。而且，社会管理研究，不仅要出成果，也要出人才，两者统一于服务国家战略需求。

（2）“关系处理论”。2012年5月27日，在第二届中国社会管理论坛上，我发表了题为《改革社会体制 推进科学发展》的主旨演讲，针对社会体制改革问题进行系统阐述，特别是针对社会体制的基本内涵以及社会体制改革的核心逻辑关系作出了回答。我认为，社会体制是一种社会治理的体系和制度安排，也是一种社会行为的规范，决定着人的社会关系、行为准则和社会运行。从理论和现实的情况看，深化社会体制改革需要正确认识和处理以下重要关系：一是政府与社会的关系，即政府社会管理与多元社会治理的关系；二是“条条”与“块块”的关系，即中央（部门、行业）与地方的关系；三是民生与民主的关系，即改善人民生活与发展民主政治的关系；四是德治与法治的关系，即思想道德教育与法治建设保障的关系；五是社会体制与其他体制的关系，即深化社会体制改革与推进其他体制改革的关系。这些基本关系构成了社会体制改革的关键环节和核心逻辑，对于加强和深化社会体制改革具有重要的方法论意义。我还提出，深化社会体制改革应当着力抓好以下方面：一是强化政府社会管理职能；二是扩大公众参与和社会协同功能；三是拓展群众权益保障机制；四是健全各类人群服务管理体制；五是加快社会规范建设；六是构建虚拟社会管理制度；七是加强公共安全体系；八是完善社会管理工作格局。这八个方面构成了社会体制改革的主要方面和重点任务，着眼于维护社会秩序，激发社会活力，推进科学发展，建设和谐社会。

（3）“体制创新论”。2013年5月25日，在第三届中国社会管理论坛上，我发表了题为《加快构建中国特色社会主义社会体制》的主旨演讲，针对当时理论界和实务界普遍遇到的有关社会体制及其改革的共性问题和困惑作出系统论述。究竟什么是社会体制？社会体制改革的“四梁八柱”有哪些？我认为，“社会体制，一般是指社会管理和服务模式、社会资源配置机制，以及各社会主体权利、责任、义务和行为规范或制度安排，包括社会主体定位、社会治理方式、公共服务体系、社会组织制度和社会管理机制等”。这一界定成为国内学界广泛引用和参考的定义之一。同时强调：加快形成党委领导、政府负责、社会协同、公众参与、法治保障的社会管理体制；加快形成政府主导、覆盖城乡、可持续的基本公共服务体系；加快形成政社分开、权责明确、依法自治的现代社会组织体制；加快形成源头治理、动态管理、应急处置相结合的社会管理机制。这“四个加快”就是深化社会体制改革的基本任务和基本要求，它们之间既密切联系，又各有侧重。社会管理体制侧重于明确各类社会主体作用，保持社会关系协调、富有活力、有序运行；基本公共服务体系侧重于满足公众基本需求，保障和改善民生；现代社会组织体制侧重于创新社会治理方式，由大政府向“大社会”转变；社会管理机制侧重于社会全过程重要环节的调节、治理。这些方面构成新型社会体制的基本框架和主要支柱。如何推进和深化社会体制改革？我认为，需要把握好五个方面：一是坚持社会体制改革正确方向；二是坚持问题意识和制度导向；三是坚持继承和创新有机统一；四是坚持在各方面体制改革协同配合中推进；五是坚持加强宏观指导和鼓励基层创造相结合。这次演讲的内容，《光明日报》在2013年7月8日理论版进行了刊登，被多家社会媒体转载。

（4）“五治并用论”。2014年5月18日，在第四届中国社会治理论坛上，我发表题为《积极推进社会治理体制创新》的主旨演讲，6月20日《光明日报》首版刊发了文章主要内容。这篇文章被认为是在党的十八届三中全会提出创新社会治理体制重大战略安排之后，深入研究社会治理体制创新的重要成果。演讲指出，将“社会管理”改为“社会治理”，虽一字之差，但含义更深刻，内容更丰富，要求更明确。我认为，创新社会治理体制是推进国家治理现代化的内在要求，是国家现代化客观进程的必然选择，是提高社会治理科学化水平的迫切需要。创新社会治理体制的基本维度包括七个方面。一是创新社会治理理念。要坚持以人为本，牢固树立社会治理一切为了人民的理念，做到为民、亲民、爱民、利民。二是创新社会治理主体。多元社会主体合作共治，是社会治理走向现代化的重要标志。三是创新社会治理方式。坚持系统治理、依法治理、综合治理、民主治理、源头治理。四是创新社会治理体系。重点是扩大公共服务体系，健全公共安全体系，完善应急管理体系，加强国家安全体系。五是创新社会治理制度。推进社会治理现代化，最根本的在于制度的改革和创新。六是创新社会治理机制。重点要健全重大决策社会风险评估机制，建立通畅有序的诉求表达、心理干预、矛盾调处、权益保障机制，建立调处化解矛盾纠纷综合机制。七是创新社会治理能力。要全面提高各个社会治理主体的治理能力。

特别重要的是，这篇文章首次提出创新社会治理需要把握好五个关键环节，即“社会治理五治论”。一是“政府善治”，强调创新政府治理方式，发挥政府的主导作用。二是“合作共治”，强调激发社会组织活力，发挥社会组织的桥梁作用。三是“基层自治”，强调重视基层社会自治，发挥群众参与的基础作用。四是“社会法治”，强调推行法治社会建设，发挥法治的保障作用。五是“全民德治”，强调加强思想道德建设，发挥核心价值观的引领作用。由此，“善治”“共治”“自治”“法治”“德治”共同融通于社会治理的全过程，为社会治理创新注入新的机能和活力。“社会治理五治论”的提出，不仅受到理论界、学术界的广泛关注，文章被大量转载，而且直接为领导决策和实践创新服务。当时中央领导同志给我打电话给予肯定和好评，其中一些重要观点被采纳或吸收到了相关社会治理政策文件之中。许多地方在创新社会治理中，将“五治”用于实践创新探索。

（5）“六性特征论”。2015年5月17日，在第五届中国社会治理论坛上，我发表了题为《全面推进法治社会建设》的主旨演讲，对何谓“法治社会”、如何建设“法治社会”等问题，作了深入的论述和回答。我认为，所谓“法治社会”是指国家立法所确立的理念、制度和行为方式能够得到有效贯彻实施，全民守法并实现法律自主调控的社会运行状态，坚持在法治轨道上统筹社会力量、平衡社会利益、调节社会关系、规范社会行为，依靠法治解决各种社会矛盾和问题。我提出了法治社会建设具有六大鲜明特征：一是人民性，就是法治社会建设坚持人民主体地位；二是普遍性，就是法治社会建设使法律成为全社会的基本准则，整个社会按照法律规范运行；三是系统性，就是法治社会建设贯穿于立法、执法、司法、守法各个环节；四是全面性，就是法治社会建设既包括经济、政治、文化、社会、生态建设和党的建设在内的全方位、立体型厉行法治，也包括心灵、价值、行为、秩序、制度全面体现法治精神、法治规范和法治要求；五是平等性，就是法治社会建设坚持法律面前人人平等；六是公正性，就是法治社会建设以促进公平正义为根本依归。这“六性”是对中国特色社会主义法治社会本质的概括。在此基础上，我提出，一个健全的、成熟的社会主义法治社会，将是一个政治清明、民主法治、社会公正、充满活力、平安有序、和谐友善的社会。在这样一个社会中，全社会对法律充满敬畏和信仰，宪法和法律得到有效实施和普遍遵从，社会生活法治化、规范化，社会依照法律规范既生机勃勃又井然有序地运行，人民群众的合法权益获得切实尊重和保障，社会充满公平正义，形成法治社会人人有责、法治社会人人共享的生动局面。这是国内学界首次对“社会主义法治社会”的理想图景作出生动形象而又具有现实针对性的描绘和展望，是对中国特色社会主义法治社会建设理论的重要发展。

我认为，全面推进法治社会建设具有极端的重要性和紧迫性，是全面推进依法治国的内在要求，是推进国家治理现代化的必然选择，是全面建成小康社会的迫切需要，是全面维护人民群众权益和实现国家长治久安的根本保障。加快法治社会建设，需要着重抓好五项主要任务。一是强化全社会法治观念和法治信仰。包括：深入开展法治宣传教育；大力弘扬社会主义法治精神；扎实推进社会主义法治文化建设；抓住领导干部这个“关键少数”和青少年这个“关键多数”。二是加快社会领域立法进程。包括：加快公民权利保障方面的立法；加快社会组织、城乡社区、社会工作等方面的立法；加快公共服务、社会事业和社会保障等方面的立法；加快公共安全和应急管理等方面的立法；着力提高社会领域立法质量。三是推进多层次多领域依法治理。包括：深化基层组织和部门、行业依法治理；发挥社会规范在社会治理中的积极作用；深入开展多层次多形式法治创建活动；发挥人民团体和社会组织在法治社会建设中的积极作用；深入推进社会治安综合治理。四是建设完备的公共法律服务体系。包括：加强公共法律服务立法；拓展公共法律服务内容；提高公共法律服务质量；强化公共法律服务保障；发展壮大公共法律服务队伍。五是健全依法维权和化解纠纷机制。包括：正确认识和对待人民群众的利益诉求；强化法律在维护群众利益、化解社会矛盾中的权威地位；健全社会矛盾纠纷预防化解机制；充分发挥不同纠纷化解制度的优势，建立完善各种纠纷解决制度有机衔接、相互协调机制。

全面推进法治社会建设需要把握好四个重要方面：一是

始终坚持正确的政治方向；二是始终坚持人民主体地位；三是始终坚持法治建设和德治建设相结合；四是始终坚持中国共产党的领导。这篇演讲被许多新闻媒体转发，中央有关领导也给予重视与肯定性的好评。

（6）“七大景象论”。2016年7月17日，在第六届中国社会治理论坛上，我发表了题为《提高社会治理水平 决胜全面小康社会》的主旨演讲。在全面建成小康社会进入决胜阶段之际，究竟如何认识全面建成小康社会？对这一问题我作出了自己的判断和展望。我在演讲中指出，决胜全面小康社会对社会治理创新提出了新的目标要求。总体看来，全面建成小康社会之时的中国社会治理及其社会状态，将会呈现以下七个方面“更加显著”的景象特征：一是“和谐社会”建设成效更加显著；二是“平安社会”建设成效更加显著；三是“信用社会”建设成效更加显著；四是“法治社会”建设成效更加显著；五是“健康社会”建设成效更加显著；六是“幸福社会”建设成效更加显著；七是“社会治理现代化”建设成效更加显著。这一重要论述将全面小康社会社会治理状况的丰富内涵，具体化为和谐、平安、信用、法治、健康、幸福六个基本维度，并将其提升到社会治理现代化的战略高度。这表明，全面建成小康社会的过程，实际上就是推进社会治理现代化的过程。同时，在对全面小康社会的社会景象特征进行深刻剖析的基础上，对全面建成小康社会的国际国内环境作了全面分析。

我指出，决胜全面建成小康社会的社会治理主要任务包括五大方面。一是着力构建民生保障体系。包括：随着经济持续发展，逐步增加居民收入；守住底线、突出重点，着重解决好教育、就业、收入分配、社会保障、医疗卫生、住房、食品安全等问题；大力增加公共服务供给，尤其要着力促进基本公共服务均等化；完善社会保障体系，构筑全民最低生活水平的安全网。二是着力完善社会治理体系。包括：提高政府社会治理能力和水平；增强社区服务和管理能力；重视发挥社会组织作用；健全基层社会自治调节系统；完善公众参与机制；统筹各方面利益关系，妥善处理社会矛盾。三是着力强化社会信用体系。包括：健全信用信息管理制度；强化社会信用信息共建共享机制；实施和健全守信激励和失信惩戒机制；培育规范信用服务市场。四是着力健全公共安全体系。包括：全面提高安全生产水平；提升防灾、减灾、救灾能力；创新社会治安防控体系；完善应急安全管理体系。五是着力加强国家安全体系。包括健全国家安全体系，实施国家全方位安全战略，健全国家安全保障体制机制。

实现决胜全面小康社会治理的目标任务，需要抓住关键，选好路径，特别应当把握以下五个环节：一是坚持贯彻新的发展理念，即创新、协调、绿色、开放、共享发展理念；二是坚持深化改革攻坚；三是坚持法治德治并举；四是坚持运用现代科技手段；五是坚持加强和改善党的领导。

这篇演讲，产生了广泛的社会影响，中央领导也对此作出了重要批示。

（7）“新的境界论”。习近平关于社会治理重要论述是党的十八大以来习近平新时代中国特色社会主义思想的重要组成部分，是指引我国社会治理开创新局面的强大思想武

↑ 2017年9月18日在第二届中英社会治理现代化研讨会上的合影。前排：右四为魏礼群，右一为尉建文，右二为陈鹏，右三为董克用，左三为党生翠，左四为赵秋雁，左五为刘捷玉。后排：左二为谢琼，左三为姜秀谦，右一为岳金柱，右二为王宏新。

器。2015年底，我就明确提出要深入学习和研究习近平关于社会治理的重要论述，并在中国行政体制改革研究会2016年度行政改革研究基金资助课题之中立项，由我作为指导人，北京师范大学中国社会管理研究院赵秋雁、赵孟营、董磊明为课题组组长，组织社会治理智库团队研究。2016年5月，全国哲学社会科学规划办公室委托北京师范大学中国社会管理研究院开展国家社科基金重大专项课题“习近平社会治理思想研究”，由我担任首席专家。2017年7月2日，在第七届中国社会治理论坛上，我发表了题为《党的十八大以来中国社会治理的新进展》的主旨演讲，首次全面系统地阐述了党的十八大以来以习近平同志为核心的党中央在社会治理方面的新思想、新实践、新境界。

我认为，党的十八大以来，习近平总书记提出的一系列加强和创新社会治理的新思想、新观点、新论断，是近五年来中国社会治理领域最为重要的创新性进展，是中国特色社会主义理论体系宝库中的新成果，是马克思主义中国化的新发展。习近平关于社会治理的重要论述十分丰富，突出体现在十个方面。一是人民中心论。坚持以人民为中心，是习近平关于社会治理重要论述的根本政治立场。二是民生为本论。以民生为本，是习近平关于社会治理重要论述的本质体现。三是公平正义论。促进公平正义，是习近平关于社会治理重要论述的核心要义。四是法德共治论。法治和德治并举，是习近平关于社会治理重要论述的重要支柱。五是体制创新论。创新体制机制，是习近平关于社会治理的重要论述的显著标志。六是不忘本来论。传承发展中华传统美德和优秀文化，是习近平关于社会治理重要论述的鲜明特色。七是群众工作论。加强和改进群众工作，是习近平关于社会治理重要论述的基本要义。八是基层重心论。注重基层建设，是习近平关于社会治理重要论述的突出风格。九是总体安全论。树立总体安全观，是习近平关于社会治理重要论述的重大创新。十是党的领导论。全面加强党的领导，是习近平关于社会治理重要论述的灵魂。

我指出，在习近平关于社会治理重要论述的指引下，我国社会治理实践创新取得重大进展，主要体现在十个方面：一是筑牢改善和保障民生工程；二是推进社会治理基础性制度改革创新；三是构建国家安全体制；四是健全公共安全体系；五是加快社会诚信制度建设；六是加强城乡社区治理；

七是促进社会组织健康发展；八是创新社会治理方式；九是加大环境保护与治理力度；十是全面加强党对社会治理的领导。可以说，党的十八大以来的社会治理实践，从宏观社会治理到微观社会治理，从各领域系统治理到城乡社区治理，都大力度、全方位地深入推进，取得了新突破、新进展、新成效。

我认为，我国社会治理思想创新与实践创新发展，不仅有效助力如期实现全面建成小康社会的奋斗目标，而且开拓了中国特色社会主义社会治理的新境界，主要体现在四个方面：一是开拓了科学社会主义社会治理思想的新境界；二是开拓了传统社会管理向现代社会治理转变的新境界；三是开拓了中华优秀传统文化与现代社会文明相融合的新境界；四是开拓了以构建人类命运共同体为导向的国际社会治理关系的新境界。

通过对习近平关于社会治理重要论述的新思想、新实践、新境界的深入研究和系统阐述，使社会治理思想成为习近平新时代中国特色社会主义思想不可或缺的重要组成部分。在某种意义上，我的这篇重要演讲文章对于研究习近平关于社会治理重要论述，具有填补理论空白、开拓创新研究的重要意义。这篇演讲文章在《光明日报》2017年8月7日理论版以整版文章发表后，在社会上引起了广泛反响，中央新闻媒体和许多地方新闻媒体纷纷转载。中央人民政府驻香港特别行政区联络办公室和中央人民政府驻澳门特别行政区联络办公室支持的媒体《瞭望中国》杂志，在2017年第24期以封面人物予以转载并刊发《封面人物魏礼群的其人其事》一文，并在第30期、31期连载此篇文章，扩大了在境外的影响。

2017年9月18—19日，北京师范大学中国社会管理研究院与伦敦大学亚非学院中国研究院在伦敦共同举办第二届中英社会治理现代化研讨会。我在主旨演讲中又进一步阐发了以上重要文章的主要观点和思想，受到国内外的广泛关注。

（8）“宝贵经验论”。2018年，是改革开放40周年。我于2017年底就着手进行改革开放40年来社会治理变革历程与经验的研究。2018年7月7日，在第八届中国社会治理论坛上，我发表了题为《坚定走中国特色社会主义社会治理之路》的主旨演讲。在这个演讲中，我对改革开放40年来社会治理历程作了“三大阶段”的划分、“七个经验”的概括。“三大阶段”是：第一阶段，从1978年党的十一届三中全会到1992年党的十四大，主要是冲破高度集中的计划经济体制和社会管理体制模式，释放社会活力，让全社会活跃起来；第二阶段，从1992年党的十四大到2012年党的十八大，主要是构建与社会主义市场经济体制相适应的社会治理体制，进一步增强社会活力，致力于社会和谐建设；第三阶段，从2012年党的十八大到现在，主要是以习近平新时代中国特色社会主义思想为指导，全面深化社会治理变革，着力推进社会治理体系和治理能力现代化，推动社会充满活力又和谐有序运行。这样总结改革开放40年来社会治理变革历程的观点是具有创新性的。在总结历程的基础上，我对40年来社会治理变革的丰富经验作了七个方面的概括：①坚持不断解放思想，推动社会治理理论创新；②坚持正确政治方向，开拓中国特色社会治理之路；③坚持以人民为中心，依靠群众创新社会治理；④坚持全面深化改革，着力推进社会治理体制创新；⑤坚持运用多种手段，不断创新社会治理方式；⑥坚持统筹协调推进，构筑社会治理创新坚实基础；⑦坚持加强和改善党的领导，充分发挥党对社会治理的核心作用。这些概括在学界尚属首次，受到与会者和新闻媒体的关注和好评。

这一主旨演讲文章刊发于《求是》2018年第16期，《新华文摘》2018年第21期也将其作为封面首条和第一篇文章转载，产生了广泛的社会影响。

（三）开展社会治理决策咨询

近些年，围绕社会治理领域的一些重点、难点和热点问题，我主持撰写、审改、呈报的一批决策咨询报告，获得了党和国家领导人的重要批示，有力地推动了实际工作。在这里，仅举几例。

2013年，党的十八届三中全会提出，全面深化改革的总目标是完善和发展中国特色社会主义制度，推进国家治理体系和治理能力现代化。这次全会还从国家治理现代化的政治高度提出了创新社会治理体制的重大任务。作为国家高端智库，中国国际经济交流中心随即设立了“加强和创新社会治理问题研究”重大课题，并由我担任课题首席专家。在我的指导和带领下，撰写了一批研究成果，其中《国家社会治理现代化的总体思路》和《加强创新社会治理的战略考虑》研究报告，发表于《中国智库经济观察》（2016年）。《国家社会治理现代化的总体思路》的主要内容包括：按照“四个全面”战略布局的要求，在社会治理现代化的伟大进程中，着眼于维护最广大人民的根本利益，最大限度地调动社会各方面的积极性，最大限度地增强社会发展活力，在法治、制度、能力、价值四个方面更好地保障和改善民生，调处社会关系，促进社会公平正义，这样整个国家社会治理体系才能更加有效地运转。《加强创新社会治理的战略考虑》主要包括四方面内容。①社会治理的时代内涵：社会是进步的；社会是平等的；社会是包容的。②社会治理的战略要点：统筹国内国际两个大局；凝聚力量与共识；切入点是源头治理，突破点是群防群治，着力点是法治方式。③创新社会治理的重大举措：加快推进社会体制改革；加快创新社会治理体系；加快建设基层信息平台；加快激发社会组织活力；加快完善社会保障体系；加快健全公共安全体系；加快促进社会文化建设。④改革创新社会治理的制度建设：加快创新社会公共服务制度；加快创新公共安全制度；加快创新基层自治制度；加快完善社会组织自治制度。这些研究成果都分别报送中央领导。

2015年初，共青团中央委托北京师范大学中国社会管理研究院承担“青年信用体系建设研究”重大课题，由我担任课题组组长。在我的指导和带领下，经过课题组的大量调研，于2015年5月撰写出《关于加快青年信用体系建设的建议》。这个研究报告的主要内容包括四个方面。①建设青年信用体系意义重大、势在必行。加快推进青年信用体系建设，是贯彻落实党中央、国务院建设社会信用体系战略部署的重要任务，是推动青年践行社会主义核心价值观的重要举措，是增强团组织凝聚力和影响力的内在要求，为支持青年就业创业、促进青年成长成才提供重要平台。②青年信用体系建设的总体思路和主要内容。总体思路是，充分发挥共青团和青年志愿者的组织体系优势，收集团员和志愿者身份、志愿服务、特长等信息，基于互联网和大数据思维与技术手段，收集和交换青年消费、行为和社交等信息，运用信用评价模型，多维度、动态化地记录与描绘青年的信用状况，并应用到青年就业、创业、婚恋、消费、融资等方面，建立正面激励和负面惩戒相结合的社会信用体系。主要内容包括：一是信息库建设；二是评估系统建设；三是应用系统建设。推动青年信用体系建设的三个关键环节：一是通过各种渠道进行宣传推广，动员和吸引青年主动注册成为青年信用体系用户；二是整合企业及社会资源开发信用应用产品，基于用户的信用评估得分，为用户提供满足其切实需求的信用服务，在信用服务的过程中沉淀更多信用信息并利用自身不断积累的信息撬动获取更多外部信用信息；三是在信用服务过程中，验证信用评估模型，并结合更多的信用信息补充和改进信用评估模型。③青年信用体系建设的可行性分析。主要包括：一是信息电子化和大数据技术飞速发展，为青年信用体系建设提供了可靠的技术支撑；二是深入人心的“互联网+”思维，为青年信用体系建设全面整合信用信息奠定了有效基础；三是社会资本积极参与协同共治，为青年信用体系建设提供了充足的资金保障；四是国内青年志愿者服务平台的重要探索为青年信用体系建设积累了宝贵经验。④加快青年信用体系建设的建议。主要包括三个方面：一是加强顶层设计，纳入国家“十三五”规划重大专项；二是突出自身特色，积极拓展信用应用渠道，兼顾公益性和效益性；三是重视配套设计，全方位、多视角地推进。

这份研究报告获得中央领导批示后，直接加快推动了我国青年信用体系建设。共青团中央被纳入国务院社会信用体系建设部际联席会议成员单位，而且该研究报告也为《青年信用体系建设规划（2016—2020年）》的起草提供了重要参考和借鉴。这项研究成果，被写入《国务院关于建立完善守信联合激励和失信联合惩戒制度，加快推进社会诚信建设的指导意见》（国发〔2016〕33号），并荣获北京市第十四届哲学社会科学优秀成果二等奖。

2017年4月，为系统总结青年信用体系建设成果，进一步深入推进青年诚信建设工程，以我为首席专家的课题组撰写了《关于深入推进青年诚信建设创新工程的建议》。这份研究报告的主要内容包括三个方面。①主要工作进展、效果和影响。一是纳入国家重大战略决策，完善相关政策环境；二是加大数据采集、共享和应用力度，稳步推进信息系统建设；三是扩大开展试点工作，推动青年诚信建设实践创新；四是广泛动员社会力量参与，落实建设资金保障；五是加强诚信文化宣传，正向引导社会舆论；六是深化青年信用体系研究，推动诚信理论创新。②存在的问题和产生原因。一是重信用、讲诚信的氛围还不浓厚，不少青年诚信意识淡薄；二是信用数据分散、标准不一、共享不足，存在大量“信息孤岛”；三是财政支持力度不够，青年信用体系建设资金不足；四是个人征信相关的制度障碍有待突破。③深入推进青年诚信建设创新工程的建议。主要包括：一是进一步完善顶层创新设计，加强组织领导和政策支持；二是进一步完善数据归集机制，加强信用数据基础建设；三是进一步推动诚信基础理论和标准规范研究，突破关键难题；四是进一步倡导诚信文化，加强宣传教育工作。这份研究报告获得中央领导批示后，进一步推进了青年信用体系建设。

2018年6月，为纪念毛泽东同志批示学习推广“枫桥经验”55周年和习近平同志指示坚持和发展“枫桥经验”15周年，北京师范大学社会治理智库在开展“百村社会治理调查”活动中，对浙江“枫桥经验”进行了重点调查，并会同浙江省诸暨市人民政府联合举办了以“乡村振兴与社会治理”为主题的研讨会。我发表了题为《深入学习和研究“枫桥经验” 提升新时代乡村社会治理现代化水平》的主旨演讲，与会代表实地考察了“枫桥经验”的发源地枫桥镇及派出所等单位，从理论与实践结合上对“枫桥经验”作了进一步深入而热烈的研讨。在我的主持和组织下，与会人员对“枫桥经验”的时代意义、丰富内涵形成了六点共识和七点启示，并对新时代坚持发展“枫桥经验”提出了建议。主要内容有：

第一，深化对“枫桥经验”丰富内涵的再认识。“枫桥经验”的有效性和可推广性是多方面的，其中最重要、最宝贵的经验有六个方面：①坚持加强和完善党的领导是“枫桥经验”的政治灵魂；②坚持重视和做好群众工作是“枫桥经验”的根本法宝；③坚持预防和化解矛盾是“枫桥经验”的思想精髓；④坚持尊重和维护人民权益是“枫桥经验”的核心要义；⑤坚持注重和加强平安建设是“枫桥经验”的重大创新；⑥坚持与时代同步伐是“枫桥经验”的鲜明风格。

第二，坚持和发展“枫桥经验”的重要启示。包括：①必须切实创新社会治理的基本理念；②必须坚持以人民为中心的根本立场；③必须构建共建共治共享的社会治理格局；④必须健全自治、法治、德治“三治融合”的社会治理体系；⑤必须传承和弘扬乡村传统特色文化；⑥必须坚持社会治理与其他治理相互结合；⑦必须充分运用现代信息技术。

第三，新时代坚持和发展“枫桥经验”的对策建议。主要包括：①坚持和发展“枫桥经验”，要学深悟透习近平新时代社会治理思想；②坚持和发展“枫桥经验”，要与全面实施乡村振兴战略结合起来；③坚持和发展“枫桥经验”，要强调从各地实际情况出发；④坚持和发展“枫桥经验”，要根据时代和实践发展不断完善创新；⑤坚持和发展“枫桥经验”，要着力加强基层党组织建设。

这份研究报告对于进一步深化“枫桥经验”的学习、宣传和推广，更好推动新时代基层社会治理创新发挥了重要作用。

九 新型智库建设研究

从一定意义上说，近40年来，我一直在从事智库研究工作。因此，被一些媒体称为“老智库人”。党的十八大以后，党中央更加重视智库建设，习近平总书记对建设中国特色新型智库、发挥智库作用作出一系列重要讲话、指示，有力地推动了中国特色新型智库发展。近些年来，我不仅积极推进有关智库建设，还深入研究智库建设的理论与运行规律，为建设高水平的新型智库付出了心血和努力。

（一）中国特色新型智库的内涵

2013年12月28日，我在中国行政体制改革研究会2013年度会长办公会上，作了题为《从实际出发建设中国特色新型智库》[①]的讲话，第一次系统地阐述了建设中国特色新型智库的问题。我认为，应从“智库”“中国特色”“新型”三个方面来理解中国特色新型智库的基本特征和内涵。“智库”，是制造和提供智力产品或思想产品的机构，是国家软实力的重要组成部分，而软实力是通过创造、传播思想、智力来吸引、说服和影响别人的能力。一个国家的智库，植根于本国国情、社会制度、思想文化、价值观等。“中国特色”，最根本的，要体现中国国情、中国制度、中国道路，

① 魏礼群：《建设智库之路》，人民出版社，2014，第439—444页。

服务于中国特色社会主义制度的完善和发展，以人民福祉为本，国家利益至上。“新型”，就是智库建设的思想观念、组织形式、运行机制、管理方式、制度规范，既有别于外国的智库，也有别于中国传统的智库，要按照智库发展规律，建设创新型、开放式、现代化的智库。在这次讲话中，我还提出了加强中国特色新型智库建设的几个重要环节。为了提升智库为党政部门献计献策的水平，应注重提高研究成果的质量。能否深入研究解答重大理论和实践问题，并产出高质量、有价值、可操作的思想产品和研究成果，是衡量每个智库水平的主要标准。此外，还要坚持问题导向，做好公共政策的解读和评估工作，正确引导和影响社会舆论，综合发挥智库的决策影响力、学术影响力、社会影响力和国际影响力。加强人才队伍建设是建设高质量智库的关键。要不拘一格选人才，延揽人才，特别是要善于发现、培养、吸引专业领军人才，充分发挥各类人才的聪明才智。引导人才走向社会，做名人、名嘴、名家。同时，要建立合理的人才队伍结构，畅通人才流动渠道，大力培育和营造不同类型智库的文化。

2014年8月，为了服务新型智库事业建设，我应人民出版社之约，汇集出版著作《建设智库之路》。2014年10月19日，在“中国梦与智库建设”暨《建设智库之路》一书研讨会上，我的新著《建设智库之路》首发。这本书记录了我从2001年以来的10多年间在几个不同类型智库机构工作的部分讲话、文章、工作报告等，可以说是我这些年来研究工作的一个缩影。在这次研讨会上，我对建设中国特色高水平新型智库的问题又进行了一些新思考，提出中国特色新型智库建设需要解决好五个问题。一要始终坚持正确的政治方向。中国特色新型智库建设，最根本的是要充分体现中国国情、中国精神、中国气派、中国风格，要服务于中国特色社会主义的完善和发展。二要着力提高研究成果质量。这是各类智库的生命力和竞争力的根本所在，要以有价值、高质量研究成果服务于党和政府的决策，服务于社会发展和进步。三要充分发挥各自智库独特优势。不同类型的智库，有不同的定位、功能、任务，要注重最大限度地发挥各类智库的独特优势和长处，扬长避短。四要敢于创新运作体制机制。完善各类智库内部治理体系和机制建设，构建科学、灵活、高效、规范的内部运作体制机制。五要切实加强一流队伍建设。吸收和培养一批优秀的研究型、专家型的高素质人才，并要形成合理的人才队伍结构，做到各显其能，优势互补。在这次研讨会上，来自人民出版社、国务院研究室、国家行政学院、北京师范大学等单位的领导和多个智库的专家作了热情洋溢和富有体验的发言，对我这部新著予以充分肯定和有力支持。

（二）中国特色新型智库的功能

2014年12月20日，我在“2014中国智库研讨会”上作题为《全面提高智库的自身素养和能力，建设高质量、高水平、有特色的智库》的发言，阐释了新型智库的六大主要功能——资政建言、理论创新、舆论引导、社会服务、公共外交以及集贤育人。基于中国特色新型智库这样的机构属性和主要功能，它在治国理政中主要可以发挥六个方面的作用：一是服务党政决策；二是推进理论创新；三是引导社会舆论；四是提供社会服务；五是参与公共外交；六是培养输送人才。同时，对怎样才能发挥好智库的作用作了阐述：一要始终坚持正确的政治方向；二要着力提高研究成果质量；三要充分发挥优势彰显特色；四要注重成果多样性转化应用；五要加强人才队伍建设。这些观点，是在我对建设中国特色高水平新型智库问题研究基础上作出的再思考、再阐述。

当今世界，智库发展水平是一个国家软实力和竞争力的重要标志，许多国家也越来越重视智库建设。这一点，我在2015年1月接受《党建》杂志采访时也有论及。长期以来，美国和欧洲的智库建设一直走在世界前列，智库数量多、影响力大，特别是涌现出了一批世界著名的智库。当前，一些国家智库的发展也有了新的趋势：一是以项目资金主导智库发展；二是成果面向公众开放，将大众作为目标群体影响政策制定；三是成果形式适应新媒体传播。改革开放以来，我国智库建设事业快速发展，在2010年联合国公布的“世界分析机构”影响力排行榜中在数量上跃居世界第二。但我认为，我国虽然已是智库大国，但还不是智库强国。

我认为，我国要建成世界智库强国，建设一批高质量、具有较大影响力和国际知名度的高端智库，仍任重道远。对于具体应该如何去做，2015年2月2日我在接受光明网采访时从两方面作了阐述：一方面，各级党委和政府都应认真贯彻落实中央关于加强中国特色新型智库建设的决策部署，为各类智库发展创造良好的条件和环境；另一方面，各类智库都要不断提高自身素质和能力，奋力进取，加快建成有特色、高质量、高水平的新型智库，把我国建成智库强国，使智库在实现国家现代化和中华民族伟大复兴的中国梦中发挥更大的作用。中国特色新型智库是以服务党和政府科学决策、民主决策为宗旨的，因此，提升智库为党政部门献计献策的能力和水平十分重要。这一点，我之前也多次讲过，在这次采访中，我将其总结提炼为以下方面：一是把握方向性；二是增强预见性；三是问题导向性；四是成果优质性；五是研究科学性；六是对策创新性；七是献策时效性。

在党中央对建设中国特色新型智库作出顶层设计和总体部署之后，需要加强各类新型智库的建设，包括专业化智库建设。基于这样的背景，我于2015年4月撰写了《努力建设专业化高质量社会智库》[①]一文，分析了我国智库发展的现存问题，同时，从国家层面和社会智库自身建设方面对现阶段如何提升我国社会智库的发展水平作了阐述。从国家层面来看，一要积极为社会智库建设创造良好的发展条件和环境，二要加大对社会智库建设的支持力度。从社会智库自身建设来看，要按照中国特色新型智库的标准对照自己，遵循智库发展规律，找准定位，彰显特色，着力提高研究成果质量。

当前和今后时期，我国公共管理领域面临着前所未有、极为复杂的新形势、新任务。国际上，政治经济格局正在深

① 刊登于《光明日报》2015年4月22日16版。

度调整和变革，世界风云变幻，新问题不断出现；在国内，经济发展进入新常态，全面建成小康社会进入决胜期，“四个全面”战略布局加快实施，“五位一体”总体布局全面推进。所有这些，都对治国理政和公共决策提出了可以预见和难以预见的新课题、新任务、新要求。为此，我在“2015山东公共管理论坛”上发表了专题演讲《公共决策和智库建设》①。这篇演讲具体阐述了十个观点：一要全面发挥智库功能；二要突出服务公共决策；三要着力提高研究成果质量；四要充分展现自身优势；五要注重成果多样性和转化应用；六要创新组织机构形式；七要搭建开放合作平台；八要改革评价标准和评价方法；九要加强人才队伍建设；十要注重打好智库研究的根底。这些是我长期从事智库研究的深切体会，符合国家对各类智库建设的基本要求，受到社会的广泛关注。

2015年12月25日，我在“十三五：决胜全面小康社会与智库使命担当”研讨会暨《中国改革与发展热点问题研究（2016）》新书发布会上作总结发言时强调：“十三五”时期，也就是2016—2020年，是我国发展历史上极为重要的五年。这期间的各项任务都迫切要求各类智库充分发挥作用，担当时代使命。对于具体应当如何做，我提出五点意见：一要创新体制机制；二要善于选择课题；三要着力提高研究成果质量；四要注重成果转化应用；五要切实打好智库研究根底。

① 刊登于2015年第10期的《中国行政管理》上，《新华文摘》2015年12月第24期全文转载。

（三）高校智库的使命担当

自2011年，我到北京师范大学中国社会管理研究院工作以来，坚持从高校实际情况出发，积极探索在高校建设新型专业化社会治理智库的新路。这些年来，我带领团队产出了一大批有价值、高质量的决策咨询成果，为北京师范大学推进“双一流”建设、成为国家高端智库培育单位作出了贡献。

2015年10月，我应复旦大学之邀，在第二届大学智库论坛上作了题为《大学智库的使命担当》①的主旨演讲。根据长期从事智库建设的体验，并紧密结合大学的实际情况，我提出了大学智库建设的着力点。主要阐述了如下八个方面。

（1）坚持正确的政治方向。高校智库建设必须坚持正确的政治方向，植根于我国的基本国情、社会制度、思想文化、价值观等，最根本的是要坚持中国特色社会主义方向，体现中国国情、中国精神、中国制度、中国道路。只有坚守这个政治方向和政治原则，大学智库的建设和发展才不会迷失方向，才能大有作为。

（2）突出做好决策咨询服务。高校智库一定要突出为党和政府决策咨询服务这个首要任务。能否深入研究解答重大理论和实践问题，并提出有质量、有价值、可操作的对策建议，是衡量高校智库水平的主要标准，要注重提高研究成果的质量，这是智库的生命线。特别是要针对国家急需的重大战略问题和一些倾向性、苗头性问题进行重点攻关研究，

① 刊登于《光明日报》2016年2月24日16版。

以高质量的研究成果服务于党和政府的科学决策。

（3）重视全面发挥智库功能。高校智库除履行服务党政决策、推进理论创新、引导社会舆论、提供社会服务、参与公共外交职能外，还要重视实现其他各项功能，包括重视基础理论研究，推进学术创新、理论创新、方法创新，特别要发挥集贤育人的功能。大学智库是知识密集、人才密集的机构，汇聚了大量的高端人才，也可以说大学智库就是人才库。大学智库是培养、造就治国理政人才的重要阵地，可以通过交流轮岗，为党政部门、企事业单位输送优秀智库人才。

（4）注重理论密切联系实际。在负责北京师范大学社会治理智库工作的这些年里，我深切感到必须重视把理论和实践结合起来，这是目前我国大学智库建设的一个薄弱环节。这绝不是简单地将学识理论与现实社会状况结合，而更要与党政部门的决策需求紧密联系起来。因此，我在工作中有意识地引导智库团队和实际部门相结合，及时有效地了解和把握决策需求，这样才能写出有针对性的对策建议，才能使智库研究成果真正发挥服务决策的作用。

（5）着力提高研究成果质量。研究成果的质量是高校智库生存发展的根本。提高研究成果质量应把握六个重要方面：一是把握方向性，即始终着眼于发展和完善中国特色社会主义；二是富有前瞻性，即要站高望远，顺应时代进步潮流，敏锐观察国内外发展大势；三是问题导向性，即要坚持从实际问题出发，善于观察和发现问题；四是研究科学性，即要坚持求真务实，实事求是，深入调查研究，掌握第一手材料；五是见解创新性，即要运用创新思维，揭示问题的本质，努力提出原创性、可操作的方案；六是注重特色性，即要找准智库定位，最大限度发挥自身优势和长处。

（6）抓好研究成果转化应用。高校建设智库一个普遍的瓶颈和困难，就是缺乏便捷的成果报送渠道。有些教研人员写出了很好的研究报告，但由于报送渠道不畅，只能束之高阁，难以进入决策者视野。鉴于此，我在北京师范大学社会治理智库创办了内部刊物《社会治理研究与建议》，成为报送决策咨询成果的“直通车”。

（7）积极创新智库体制机制。体制机制创新是高校智库建设的“牛鼻子”。在高校办新型智库应与学科建设和培养人才密切结合。为提升社会治理智库的学科建设水平，带动社会学等学科建设，北京师范大学党委决定成立社会学院，与中国社会管理研究院作为“一个实体，两个牌子”，进行新型社会治理智库一体化建设，由此形成了学科与智库“双轮驱动”的发展模式。这是北京师范大学加强社会治理智库建设的重大体制创新。同时，我大力推动考核评价体系改革创新，加快分类评价考核探索，使得研究人员专心致志于咨政研究，产出更多优质智库成果。

（8）加强智库人才队伍建设。造就一支优秀的智库研究队伍，这是我在北京师范大学中国社会管理研究院工作时高度关注、倾注大量心血的重要方面。针对高校教研人员善于撰写发表学术论文而撰写和报送决策咨询报告的经验不足问题，我亲自指导、审改有关教研人员提交的研究报告，使得他们在撰写决策咨询报告方面有了很大的进步和提升。同时，我高度重视打好智库研究的根底，让研究人员练好智库研究的基本功，从多个方面提高素质和本领。包括：打好基本理论和政治立场的根底；打好把握国家法律法规和方针政策的根底；打好专业知识和业务能力的根底；打好撰写智库报告的技巧功底；等等。

（四）智库研究的基本方法

智库的首要任务，是开展政策研究，产出决策咨询成果。调查研究，是智库研究的基本方法。高度重视调查研究，开展决策咨询工作，是我在不同智库机构长期工作持之以恒、一以贯之的基本原则和方法。

2004年，我为《政策研究与决策咨询——国务院研究室调研成果选》[①]一书所作的《提高调查研究水平 做好决策咨询工作》的前言中指出，重视和坚持调查研究，是辩证唯物主义和历史唯物主义认识论的根本所在，是贯彻党的“解放思想、实事求是”思想路线和“从群众中来、到群众中去”群众路线的必然要求，也是保证科学决策与实现正确领导的基本前提。提高调查研究工作水平，需要做到以下七点。第一，努力提高政治理论和政策水平。政府研究部门的调查研究，一般都与制定和实施政策措施相关。必须坚持以科学理论为指导，认真贯彻党的路线、方针和政策。第二，紧紧围绕工作大局和中心任务。政府研究部门的调查研究，要想大

① 2004年由中国言实出版社出版。

事、议大事，着重研究解决事关改革、发展、稳定大局的突出问题，着重研究解决全局性、战略性的重大问题，着重研究解决人民群众关心的热点、难点和重点问题。第三，务必在全面、深入、求实上下功夫。调查研究必须走出去、沉下去、钻进去，必须深入实际、深入基层、深入群众，必须认真思考、深刻分析、精心研究。第四，广泛听取群众意见。要搞好调查研究，必须放下架子，扑下身子，深入田间地头和厂矿车间，拜群众为师，和群众交朋友。第五，创新调研工作方法。要综合运用经济学、社会学、信息论、系统论、控制论，以及规划与优选、预测与评价、计算机仿真等方法，对已掌握的调查材料进行多层面、多角度的系统研究。第六，精心写好调研报告。把握主题，突出主线，抓住重点，善于画龙点睛，给人以启迪；文字表达要准确、鲜明、生动、朴实；表现形式要多样化，从实际出发，讲究多样性，切忌公式化；从内容上讲，要言之有物，资料翔实，论证有力；从形式上讲，要结构严谨，条理分明，布局合理；提倡写短文章，力求短小精悍、言简意赅。第七，全面提高自身素质，练好基本功。

2005年7月23日，我在国务院研究室举办的“提高调研工作质量培训班”上，作了题为《着力提高调查研究工作质量》的讲话。我指出，做好调查研究工作具有极端重要性，是正确认识社会的重要方法，是科学制定和执行政策的重要基础，是密切联系群众的重要渠道，是发现问题和解决问题的重要条件，是加快培养优秀人才的重要途径。做好调查研究工作的主要做法包括：牢固树立围绕中心、服务大局的思想；坚持解放思想，鼓励大胆创新；注重调查研究与文稿起草有机结合；始终把提高调研成果质量放在首位；建立多出高质量调研成果的激励机制。我提出，提高调研工作质量需要把握好三个方面：一是把握搞好调查研究的重要原则，包括客观性、全面性、系统性、群众性、科学性、理论与实践相结合；二是把握政府研究部门调研工作的主要特点，包括政策性、针对性、应用性、前瞻性、操作性、时效性；三是把握搞好调研工作的能力，包括树立大局意识、增强把握全局的能力，坚持解放思想、增强开拓创新的能力，跟踪形势发展、增强洞察问题的能力，做到求真务实、增强深入实际调研的能力，学会科学思维、增强分析问题的能力，努力改进文风、增强文字表述能力。我还认为，搞好调研工作必须全面提高自身素质，要勤奋学习，提高政治思想和理论政策水平；要有高尚的思想境界，增强事业心和责任感；要拓宽知识面，在“博”和“精”上下功夫；要善于博采众长，增强综合分析研究问题的素质；要多写勤练，打好辞章和文字的功底。

2006年1月，我为《新时期调查研究工作全书》[①]一书所作的题为《练好调查研究基本功》的序言中指出，练好调查研究基本功，必须把握以下几点：一是坚持以正确的思想理论作指导；二是坚持实事求是的科学精神；三是坚持以人为本和走群众路线；四是坚持系统和细密的调研工作；五是坚持与时俱进和运用先进手段。2006年9月，我在为《国务

① 2006年由人民出版社出版。

∩ 2000年8月17—23日，魏礼群（前排左六）在山东长岛县主持召开渤海海峡跨海通道课题组第四次会议。前排：右五为课题组副组长戴桂英，左三为课题组副组长柳新华，左四为国家计委基础产业司副司长王庆云，右二为课题组副组长宋长虹，右四为长岛县县长姜清春。

院研究室优秀研究成果选》一书所作的题为《调查研究要多出精品力作》的序言中指出，调查研究要出精品力作，必须做到精心选题、精心调查、精心研究、精心撰写、精心修改。

长期以来，我在多个不同类型智库机构工作过，一直致力于我国智库建设。2014年，我被媒体评为“中国智库建设代表人物”。2017年1月18日，光明日报社在北京举办2016中国智库年度影响力“十大”评选结果发布会，揭晓“年度十大智库”和“年度十大智库人物”，我被评选为2016年度“十大智库人物”。在颁奖词中，评委会对我的评价是：“为国奉献四秩有余，历任国务院研究室、国家行政学院、中国国际经济交流中心等各类智库领导职务，是闻名业界的资深智库人。退休多年仍活跃在智库建设、管理、研究第一线。2016年，72岁的他主持的多个重大决策咨询研究项目得到中央领导重要批示，他亲率多个智库，以高质量成果助推经济社会发展。”这些是对我热心智库事业的肯定与鼓励！

十　其他方面的重大研究

在我的学术生涯和应用对策研究中，还有一些值得记述的重要活动和贡献。在这里，仅简要记述曾主持过的两个重大课题研究历程及成果。

一个是主持“渤海海峡跨海通道”重大课题研究。这是我于1993年在国家计委工作开始直到2018年，历经26年持续主持研究的一项特别重大课题。开展渤海海峡跨海通道的研究，肇始于国家发展战略需求提出的重大课题。在邓小平1992年初南方谈话之后，全国出现加快改革开放和现代化建设的新形势。1992年10月，党的十四大报告中提出加快改革开放和经济发展的步伐，同时提出“加速环渤海地区的开放和开发”。随之，国务院领导人要求：“集中力量，千方百计打通几条战略大通道。”在此背景下，山东烟台市政府办公室开展了“烟大铁路轮渡项目”的前期研究工作，由烟台市政府办公室主任柳新华、办公室副主任宋长虹等人起草文件并经相关会议讨论通过。由于建设渤海跨海通道是一个世界级超大型项目，从辽宁的大连旅顺到山东的烟台蓬莱，整条跨海隧道长约130公里，涉及面宽广，投资规模巨大，需要有关中央部门和地方参与研究。当时国家计委政策研究室戴桂英处长在烟台市挂职担任市政府副秘书长，邀请我牵头研究这个世界级超大型项目。我经过一些调查研究和思考后认为，这个大通道项目关乎国家发展大局，有必要支持深入研究，于是就应允下来。1994年3月20日，“渤海海峡跨海通道”特大项目研究课题组正式成立，我在北京主持召开由国家计委、国家科委、海军工程设计研究院、山东省计委、辽宁省计委、烟台市政府、烟台市计委、大连市计委等单位参加的第一次联席会议。会议讨论了如何深化课题研究问题，并部署第二阶段研究任务，重点放在渤海海峡大通道——蓬（莱）旅（顺）桥隧通道的深入研究上。会议协商确定，由我担任这个重大课题研究总负责人，成立5个专题组分别承担研究任务。一是综合研究报告组，由国家计委政策研究室副主任戴桂英牵头，烟台市政府副秘书长柳新华和宋长虹、于培超，以及国家计委政策研究室处长赵世洪、副处长施子海等人参加；二是工程技术研究报告组，由海军工程技术设计局局长韩季忠牵头，海军工程技术设计局总工程师蔡公良、高级工程师何益寿、顾问董国贤等人参加；三是综合运力研究报告组，由国家计委国土地区司副司长潘文灿牵头，国土地区司处长杜平及辽宁省、山东省、大连市、烟台市计委的人员参加；四是政策措施研究报告组，由国家计委长期发展规划司副司长李铁军和国务院发展研究中心技术经济研究部部长邓寿鹏分别牵头；五是兴建时机及步骤研究报告组，由宫本胜牵头，柳新华、宋长虹、于培超等人参加。这个课题研究团队按分工进行了认真研究，形成了一批重要研究成果。

在这次会议之前，从1993年起，我就开始关注并参与这个重大项目研究，并通过国家计委内部刊物向党中央、全国人大、国务院、全国政协的领导人报送渤海海峡跨海通道研究进展情况的报告，受到多位党和国家领导人的高度重视，多次予以批示，而且国务院研究决定，先实施烟大铁路轮渡方案，并经过多方面研究论证，将其纳入国家发展规划。2001年11月，烟大铁路轮渡及其相关铁路建设项目正式启动；2004年11月，烟大铁路轮渡项目全面开工建设；2006年11月6日，烟大铁路轮渡正式投入运营。这标志着渤海海峡跨海通道研究取得重大阶段性成果并转化为现实生产力。

在国家大力推动下，烟台至大连铁路轮渡开通这个第一步目标实现的同时，我们课题组继续进行深入研究工作。在国务院领导的关心和支持下，将“渤海海峡跨海通道研究”列入国家软科学研究资助项目和国家“九五”科研滚动计划。

从第二阶段研究课题组成立到2018年，26年来课题组坚持不懈地深化研究。我作为课题组组长带领课题组副组长戴桂英、柳新华、宋长虹和课题组主要成员从多角度、多方面进行研究、论证，包括深化专题研讨，到国外了解同类通道建设，进行项目比较研究；召开各种研讨会、论坛，形成了一大批重要科研成果，先后被中宣部、科技部、中国行政体制改革研究会、山东省政府、山东省发改委列入特别委托重大项目、国家科技攻关项目、国家软科学重点项目、山东省政府重大研究项目等。相继完成和出版了《世界跨海通道比较研究》《渤海海峡跨海通道若干重大问题研究》《渤海海峡跨海通道对环渤海经济发展及振兴东北老工业基地的影响研究》《渤海海峡跨海通道建设与蓝色经济发展》《海洋强国战略与跨海通道建设》《跨海逐梦——渤海海峡跨海通道研究新成果》《渤海海峡跨海通道与环渤海区域经济一体化发展研究》等600余万字的专著、研究报告，在国内外发表学术论文400多篇，许多研究成果获得省部级优秀成果奖。

26年来，我五次带领课题组成员深入渤海跨海通道沿线海域和地段作实地考察、调研。第一次是1995年8月25日至28日，主要到烟台市及长岛县做实地调研，了解当地干部群众对建设大通道的看法和意见。第二次是2000年8月17日至23日，我带领课题组十多位主要成员，在长岛县实地考察蓬莱、长岛通道南端线路，并召开第四次联席会议，之后乘当地“渔政”船赴旅顺方向考察。开船不久，刚出“珍珠门”就刮起了六七级大风，巨浪滔天，我们被困在砣矶岛三天，不得已中止了考察行动。第三次是2013年8月31日至9月2日，我在烟台市主持召开各路研究大军和有关单位联席会议并实地考察通道南端出口等地。第四次是2014年7月27日至8月4日，我带领课题组主要成员，深入蓬莱市、长岛县和旅顺口区，与当地市、县、乡、村党政领导人和干部群众进行广泛接触和座谈，进一步考察了解通道沿线地势地貌、南北登陆口、工程规模、重点难点。所到之处，各地干部群众普遍对渤海跨海通道建设充满期待，也提出了一些值得深入研究的建议。第五次是2015年8月8日至12日，为了给国家“十三五”规划建言，我在烟台召开课题组会议，研究加快跨海通道规划和建设问题。

“皇天不负苦心人”，经过20多年的持续深入研究，渤海海峡跨海通道建设逐步被纳入国家决策。2011年1月，“渤海海峡跨海通道”被纳入国务院批复的《山东半岛蓝色经济区发展规划》，并被纳入山东省、辽宁省“十二五”发展规划。2014年8月，这个通道建设被纳入《国务院关于近期支持东北振兴若干重大政策举措的意见》文件。2015年1月，党中央、国务院主要领导同志分别在我呈报的《加快推进渤海海峡跨海通道规划与建设的建议》上作出批示，说明这个大通道建设已得到中央高层领导的高度重视。2018年4月底，我又主持课题组主要成员会议讨论深化大通道问题研究，并写出《关于尽快落实渤海跨海通道可行性研究工作任务》的建议，再次受到党中央主要领导的重视和批示，国家发改委领导也高度重视，多方征求意见，推动了这条大通道建设的深入研究论证工作。尽管由于某些因素这条大通道尚未被国家正式批准立项建设，但我坚信，这个功在当代、利在千秋的世界级超大型项目建设为期不远了，天堑变通途的“跨海之梦”必定会实现。

另一个是主持“明清黄河故道综合整治和开发”重大课题研究。这个重大课题研究的缘由是：2011年、2012年两年春节，我都回故乡睢宁县过年，看望年逾90岁的老母亲。2011年农历正月初三，睢宁县委书记王军和睢宁县县长龚维芳陪同我去姚集镇黄河故道考察。我们沿着黄河故道南岸走了一段路，询问当地经济和社会发展情况，令我感触至深的是，这里仍然是个很贫困的地方，亟待加强扶贫开发。于是，我向随同考察的当地县、乡领导提出，应加大这一段黄河故道的整治开发力度，使这里的人们彻底摆脱贫困，并让他们制订整治方案。我返回北京途经徐州时，也向徐州市委、市政府领导提出加快睢宁县黄河故道整治的看法和建议。2012年春节期间，也是农历正月初三，我向县委、县政府领导提出再去看看姚集镇黄河故道整治的情况。经过一年的努力，姚集一带黄河故道整治工作已在几个地段展开。我察看了几个疏浚河道的现场后，认为只在姚集镇一段整治还不够，必须将黄河故道的沿线作为一个重大项目进行综合开发。于是，我又向徐州市委、市政府领导提出，应当由市里作出综合方案支持开发。明清时期的黄河故道线路长，西起河南省兰考县东坝头，流经豫、鲁、皖、苏四省，徐州市境内长234公里。为了全面搞好黄河故道沿线的整治，2014年徐州市政府委托我所在的国家高端智库——中国国际经济交流中心将这项整治工作作为一个重大课题深入研究论证。我牵头主持了这个课题研究，由中国国际经济交流中心副理事长兼秘书长张大卫、总经济师陈文玲任负责人，执行局副主任戴桂英、战略研究部副部长田青等人参加组成课题组。2015年4月，课题组主要成员深入徐州市调研；2016年6月，我带领课题组从河南兰考东坝头起沿黄河故道南侧进行实地调研，途经民权、商丘等地，又到徐州丰县，既察看现场，也了解当地干部群众的意见，并在徐州市召开研讨会。这次实地考察形成了一个综合报告，由我报送国务院，国务院主要领导和其他几位领导以及国家发改委领导同志都作了重要批示。之后，在国家发改委的协调、支持下，将“明清黄河故道综合整治和开发”和这个重大项目上升为国家发展战略，并列入国家“十三五”发展规划。这个重大课题研究成果已转化为国家重要决策和实际工作部署。

以上十个方面研究领域和学术成就，产生的社会影响是多方面的。其中，为了纪念改革开放40周年，我出版了两部文集。一部文集是《改革论集》，由人民出版社于2016年9月出版。此书出版后，即由中国言实出版社、美国太平洋出版公司联合出版英文版，被美国、英国、日本等国家图书馆作为重要图书收藏；2018年6月此书又被新华书店北京图书大厦作为纪念中国改革开放40周年优秀图书展示展销。另一部文集是《改革开放耕耘录》，由中国言实出版社于2018年1月出版。此书出版后，被中共中央宣传部主管的“党建网”在《今天你读书了吗》专栏作为推荐图书。

叁

助推国家哲学社会科学发展和培养高层次人才

在我的学术生涯中，值得记述的，还有长期参加和服务全国哲学社会科学发展以及培养高端人才的经历。

一 兼任全国哲学社会科学规划领导小组成员和应用经济组组长（召集人）

1995年，我被中共中央宣传部批准为全国哲学社会科学规划领导小组成员并担任应用经济组组长。1995—2012年的18年间担任全国哲学社会科学规划领导小组成员，1995—2018年的24年来一直为应用经济组组长（2013年后组长改为召集人）。

全国哲学社会科学规划领导小组，是我国哲学社会科学规划研究的最高领导机构，领导小组组长一般由中央政治局委员、中宣部部长担任，主要职责是负责审议国家哲学社会科学规划，聘任国家社会科学基金学科评议组组长和评审专家。全国哲学社会科学规划领导小组下设若干学科规划小组，并代行中华社会科学基金会学科评审组职责，其成员由全国哲学社会科学规划领导小组聘任。设有马列·科社、党史党建、哲学、经济理论、应用经济、统计学、政治学、社会学等学科规划评审小组。学科规划评审小组的职责是：①协助制定本学科的发展规划和国家资助的哲学社会科学研究课题指南；②评审本学科申报的国家资助课题的申请，提出资助金额建议；③参与本学科国家资助课题研究成果的鉴定、验收和推广。学科规划小组的专家一任聘期为5年。

全国哲学社会科学规划领导小组成员，原则上是由党中央、国务院有关部门负责人组成的，我担任中央财经领导小组办公室副主任和国务院研究室主任时，都是该领导小组成员。2008年5月，我调到国家行政学院任职后，仍然担任了4年这个领导小组成员，每年都参加全国哲学社会科学规划领导小组召开的会议，参与研究决定全国社会科学规划和社会科学基金资助项目立项审查等工作。在担任全国哲学社会科学规划领导小组成员的18年间，我为国家哲学社会科学发展尽职尽责，献智献策。从国家行政学院领导岗位退下来后，我不再担任领导小组成员，但仍然担任应用经济组召集人。

在担任应用经济组组长（召集人）的24年中，我尽心尽力地工作，认真履行学科规划评审小组的各项职责。其间，先后担任过应用经济组副组长或召集人的还有郑新立、李京文、林兆木、陈雨露、郭克莎等人。我在国务院研究室工作期间，积极参加全国哲学社会科学规划领导小组会议和全国社科基金项目评审会议。那些年，尽管国务院研究室工作繁忙，我每年依然尽可能协助制定应用经济学科研究课题指南，挤时间参加年度基金项目评审会议，密切关注《成果要报》中刊发研究成果的情况，还经常将优秀研究成果吸纳在重要文稿起草中或批转有关人员参阅。到国家行政学院工作和退出领导岗位以来，我每年都直接参加有关会议，按照全国哲学社会科学规划领导小组及其办公室的要求，每年都组织应用经济领域专家研究提出课题指南，主持一年一度的基金项目评审会议，组织专家认真评审。在评审资助项目中，我坚持把好研究方向关、学术关、质量关、政策关，着力促进学术研究理念创新、观点创新、方法创新，引导学术研究符合党和国家的战略需求，为领导决策咨询服务，为研究成果转化为实践创新创造有利条件。应用经济组每年申报的项目数量最多，立项计划也多，在参会专家的共同努力下，每年都顺利地完成任务。在担任应用经济组组长（召集人）期间，我还主持了应用经济学科“九五”“十五”“十一五”“十二五”“十三五”五个五年学科建设进展情况总结评估和发展趋势的调查报告，分析应用经济学科发展成就、存在问题和提出改进建议。回顾多年来的历程，我和历届应用经济组的专家们为中国应用经济学科的繁荣和发展，为党和国家经济决策服务，作出了积极贡献，在履职中自己的学术水平也不断得到提高。

我在全国哲学社会科学规划领导小组和担任应用经济组组长（召集人）期间，还做了一些比较重要和有较大影响的事。这里记述以下两件事。

一件事是，协助申请增加社会科学规划基金经费。国家社会科学基金主要来源于国家财政拨款。20世纪90年代，我们国家财力不足，而需要国家财政支出的方面又很多，在“僧多粥少”的情况下，用于国家社会科学基金的较少，制约着社会科学基金资助事业应有的发展。1998年3月，我到国务院研究室工作后，在国家社会科学基金项目评审会上，许多专家希望国家财政对社会科学基金多增加一些，并让我给国务院领导反映情况。我把由任继愈、吴树青等7位著名专家写给国务院主要领导的信转报并当面反映专家的意见，国务院主要领导作出批示后，财政部随即每年较多地增拨了社会科学规划基金经费，由1998年的2650万元逐渐增加到2002年的1亿元，增加了超3倍。大家都十分感谢国务院领导的关心和支持，这有力地促进了国家社会科学基金事业发展。多年以来，有关领导还经常提到这件事，我认为这是应该做的事。

另一件事是，推动社会科学经费管理制度改革。我国社会科学经费管理制度存在的弊端突出，社会上颇有议论，呼吁改革之声不绝于耳。2015年5月，全国社会科学基金项目评审会议期间，我主持应用经济组项目评审会议时，包括几个知名大学校长在内的15名专家一致反映，现在社科经费使用管理制度很不合理，严重束缚了科研人员的积极性，优秀科研人员不愿申报社会科学基金项目，申请到项目的也不认真做研究，出不了优秀研究成果。与会专家一致要求由我组织有关人员深入调查研究，并向党中央有关领导反映这个问题。之后，我即当面向主管社会科学研究的中央领导同志反映了应用经济学组专家的意见，他要求我组织人员研究这个问题，提出解决问题的办法。2015年底，我把“社会科学经费管理制度改革研究”作为一个重要课题，由我担任课题指导人，委托中国行政体制改革研究会秘书长王满传、副秘书长兼行政改革基金委员会主任李蕴清等专家组成课题组。课题组进行了多方面调查研究后，写成了《关于加快社科类科研经费管理制度改革的建议》的研究报告，我作了多次修改。在研究报告开头增加一段文字：“一段时间以来，我国社会科学研究经费管理制度问题受到社会广泛关注。一方面，现行科研经费管理制度越来越严重地束缚科研人员的积极性，影响了科研活力和经费使用效率；另一方面，‘科研硕鼠’现象频频曝光，国家大量财政资金被滥用和侵吞。深化科研经费管理制度改革势在必行，刻不容缓。”这个研究报告提出加快社科类研究经费管理制度改革的7点建议，包括：明确科研经费管理改革的原则，实行激励与约束相结合，实行分类管理，坚持结果导向；提高科研经费中体现智力价值部分的比例；实行后期资助和奖励制度；改革完善经费预算编制和管理；改进对横向课题的管理方式；强化对科研成果的严格评审；推进科研经费管理便利化。我将这个研究报告呈报党中央有关领导同志，受到重视并得到重要批示。中央宣传部和财政部负责同志认真研究落实课题组提出的建议，并邀请研究报告执笔人参加座谈会，当面听取意见。2016年9月，财政部、全国哲学社会科学规划领导小组联合发布新修订的《国家社会科学基金项目资金管理办法》（财教〔2016〕304号）。这个文件吸收了课题组研究报告中不少重要观点和改革措施建议。这是我助推国家社会科学研究的一个实际行动。

二 担任中央马克思主义理论研究和建设工程咨询委员会委员

我从2004年1月中央马克思主义理论研究和建设工程（简称“马工程”）实施之时起，即被聘任为该工程咨询委员会委员，至今已有15年。马克思主义理论研究和建设工程是党中央为巩固马克思主义在意识形态领域指导地位的基础工程，也是一项重大的理论创新工程。2004年1月，中共中央发布《中共中央关于进一步繁荣发展哲学社会科学的意见》，提出实施马克思主义理论研究和建设工程。之后，中共中央办公厅转发《中央宣传思想工作领导小组关于实施马克思主义理论研究和建设工程的意见》，对实施工程作出部署。

2004年4月27—28日，中央召开“马工程”工作会议，标志着“马工程”正式启动。主要任务是以重大现实问题为主攻方向，把马克思主义在中国发展的最新理论成果贯穿到哲学社会科学的学科建设、教材建设中，进一步加强马克思主义理论队伍建设。具体有五个方面的工作：一是加强对马克思主义中国化理论创新成果和重大现实问题的研究；二是加强对马克思主义经典著作的编译和研究；三是建设具有时代特征的马克思主义基础理论和哲学社会科学学科体系；四是编写体现当代中国马克思主义最新理论成果的哲学、政治经济学、科学社会主义、政治学、社会学、法学、史学、新闻学和文学等重点学科教材，形成哲学社会科学教材体系；五是建设一支老中青三代结合的马克思主义理论研究和教学骨干队伍。围绕工程确定的任务，组建了24个主要课题组与基地课题组。

15年来，我在实施马克思主义理论研究和建设工程中主要做了以下一些事情。一是讨论、审定马克思主义中国化理论创新研究成果，包括《科学发展观学习读本》、中央宣传部理论局组织编写的多本“理论热点面对面”系列通俗理论读物。二是讨论、审定体现当代中国马克思主义最新理论成果的重点学科教材，包括《马克思主义基本原理概论》《毛泽东思想和中国特色社会主义理论体系概论》《中国近现代史纲要》《马克思主义政治经济学概论》《思想道德修养与法律基础》《社会学概论》《西方经济学》《〈资本论〉导读》《中国马克思主义与当代》《西方社会学理论评析》《宗教学》等。凡是让我审阅的教材书样稿，我都认真学习、审读，并按时提出修改意见；对有些不是我个人知识专长的教材稿，就请有关专家学者帮助审阅、修改，这方面国家行政学院教授刘峰、胡建淼、张占斌、龚维斌、徐鸿武、孙晓莉等人，都对相关重点教材的审阅提供了帮助。三是推动"马工程"编写的教材进课堂。我在主持国家行政学院工作期间，认真落实中央领导关于中央党校、国家行政学院要带头使用"马工程"教材的指示，要求国家行政学院将"马工程"新编教材带进课堂，鼓励讲授《资本论》等马克思主义经典著作，努力使马克思主义经典著作和"马工程"重点教材成为干部教育培训的必修课。四是承担"马工程"办公室委托的重大课题研究。例如，2016年承担委托的"习近平社会治理思想研究"、2017年承担委托的"中国特色社会主义与实现社会主义现代化目标研究"等。我所承担的委托课题都取得了较高质量的研究成果，得到党中央主要领导和其他多位领导同志的重要批示。五是参加"马工程"办公室举行的多种形式的专题研讨会和重要项目评审会议。六是受"马工程"办公室委托，开展专题调研活动。2018年5月17—24日，按照"马工程"办公室的安排，带领调研组一行6人，就"如何深化马克思主义理论研究和建设"，赴江西、广东两省深入机关、高校、社科院、党校、新闻单位等，召开座谈会，在党员干部、青年学生中进行问卷调查，了解马克思主义理论相关学科体系、评价体系、话语体系建设状况，以及“马工程”教材编写使用、相关课程设置、教材科研成果评价、人才队伍建设等总体情况。通过这次调研写出调研报告，为中央决策提供依据。

以上这些，对于推动深入学习、研究、阐释、传播马克思主义和马克思主义中国化的最新成果，用中国理论、中国学术解读中国道路、中国奇迹和中国经验，发挥了积极作用。

三 推进社会管理和社会学学科建设

2011年5月，我应邀担任北京师范大学中国社会管理研究院院长以后，深切感受到我国社会学和社会管理学科的地位与中央加强社会管理创新的要求严重不相适应，社会管理还没被列入国家社会学学科体系，连二级学科都不是。这种现实情况严重制约了我国社会学和社会管理学科的发展。鉴于此，我积极组织校内外专家，连续给中央写了两个建议，受到党中央、国务院多位领导同志的高度重视并作出重要批示。

（一）提出关于增设“社会管理”为国家一级学科的建议

2011年5月7日，在“首届中国社会管理论坛”的讲话中，我首次提出开展社会管理学科建设的观点和思想，从学科建设的高度来推进社会管理问题研究。开展社会管理领域的思想理论研究，推动社会管理学科建设，就要积极适应加强和创新社会管理的需要，开展社会管理领域战略性、前瞻性和创新性研究，在重视基础理论研究的同时，重点进行应用性研究。也就是说，社会管理研究要坚持“基础性”与“应用性”双轮驱动。社会管理研究不仅要出优秀成果，而且要出优质人才，两者共同统一于推动国家治理现代化建设的需要。

2012年初，我进一步提出要高度重视和加强社会管理新兴学科建设，随后决定设立专项课题予以重点研究和攻关，并亲自担任课题组组长，课题组成员包括北京师范大学、清华大学、北京大学、中国人民大学、南开大学、中山大学、国家行政学院、中国社会科学院、中国青年政治学院等多个高校、科研机构的知名专家。2012年10月，在深入听取有关方面专家意见的基础上，我主持撰写了《关于增设“社会管理”为国家一级学科的可行性研究报告》，受到国务院领导和教育部领导的重视。

这个研究报告共分为三大部分。第一部分，增设“社会管理”为国家一级学科的必要性：这是经济社会发展的战略需求、社会管理人才培养的迫切要求、学科体系建设和发展的内在要求。第二部分，增设“社会管理”为国家一级学科的可行性：包括党中央、国务院高度重视加强和创新社会管理工作，各地各部门社会管理创新实践方兴未艾，社会管理理论研究日趋深入，社会管理人才培养模式不断创新。这些为建设“社会管理”国家一级学科奠定了较为坚实的理论和实践基础。第三部分，增设“社会管理”为国家一级学科的基本构想：一是关于社会管理的研究对象——人类各种社会事务的管理和服务，包括人类社会生活中微观、中观和宏观层次各种社会事务的管理协调，以及与之相应的社会服务的提供与管理；二是关于社会管理的学科体系，可设六个二级学科，包括社区治理、社会组织管理、社会服务、社会工作、社会政策、社会应急管理；三是关于社会管理的人才培养体系，包括专业培养目标、就业去向、课程体系；四是关于社会管理学的研究方法，包括实证研究方法和规范研究方法等。

这份研究报告直接推进了我国社会管理学科建设的进程。2013年4月，国务院学位委员会在听取各方面意见基础上正式将社会管理列入国家学科体系，明确“社会管理和社会政策”是一门系统地研究社会管理活动基本规律和一般方法的新兴学科，作为社会学的二级学科。同时，在管理科学与工程一级学科下，将“社会管理工程”增设为二级学科，这既是对管理科学与工程一级学科范畴与内涵的深化，也与社会管理学科相呼应。这些被写入国务院学位委员会第六届学科评议组编写的《学位授予和人才培养一级学科简

2013年4月，魏礼群（前排左三）主持社会管理学科和教材建设专家研讨会。前排：右三为著名社会学家陆学艺教授，右一为翟振武教授，右二为谢立中教授，左一为沈原教授，左二为王名教授。后排：左六为赵秋雁教授，左七为高丙中教授，左八为龚维斌教授，左九为麻国庆教授，右二为尹栾玉教授，右九为丁元竹教授。

介》[1]。这是我国社会管理学科建设的重要里程碑，也是北京师范大学为促进国家学科建设和人才培养作出的贡献。

（二）提出关于改革学科建制和提升社会学地位的建议

党的十八大以来，习近平创立新时代中国特色社会主义思想和党的十八届三中全会通过《中共中央关于全面深化改革若干重大问题的决定》，标志着改革开放和社会主义现代化建设进入了新的发展阶段。在新的发展阶段，坚持和发展中国特色社会主义事业，需要全面发展和繁荣哲学社会科学

① 2013年由高等教育出版社出版。

特别是社会学。而我国社会学发展的一大障碍是不合理的学科建制：社会学不是一个独立门类，仅为隶属法学门类下的一级学科。这种学科建制混淆了社会学和法学的学科关系，降低了社会学在社会科学领域的地位，制约了社会学的发展和繁荣，与我国经济社会不断发展和改革开放全面深化的形势极不适应，与加强社会建设，改革社会体制，创新社会管理，实现社会治理现代化的历史任务极不适应。因此，抓紧改革现行的不合理学科建制，特别是尽快把社会学提升为社会科学领域单独的学科门类，越发成为广大社会学教学科研工作者的共同愿望和追求。

在这一背景下，2013年2月，我提出并组织成立专项课题组研究我国学科建制设置中的问题，课题组成员以北京师范大学专家为主，还有清华大学、北京大学、中国人民大学、国家行政学院、中国社科院等多个高校、科研机构的知名专家。2013年6月，在深入听取有关方面专家意见的基础上，我主持撰写了《关于改革学科建制和提升社会学地位的建议》。

这个研究报告共分为三个部分。第一部分，把社会学提升为学科门类的必要性。报告认为这是全面完善和发展中国特色社会主义伟大事业的必然要求，是加快培养社会领域专业人才和优化国家人才结构的迫切需要，是提升我国社会科学影响力和强化国际话语权的战略举措，是研究借鉴国际上发达国家重视社会学发展经验的重要启示。第二部分，社会学由一级学科提升为学科门类的可行性。报告认为社会学已经形成较完整的学科体系，已经具备较为成熟的科学研究架构，已经形成健全的人才培养体系和模式，已经确立服务国家发展和社会需要的学科定位意识，已经建立了一系列全国性的学术组织。第三部分，社会学学科门类下的一级学科设置设想建议。建议设立8个一级学科，包括理论社会学、应用社会学、社会管理、社会工作、人类学、民俗学、民族学、人口学。这个研究报告受到有关领导和部门的重视。

中国社会学是在党中央的亲切关怀下得以重建和发展的。加强社会学建设，提升社会学战略地位，从根本上说，就是要发展和完善中国特色社会主义，建设中国特色社会主义社会学，并将其提升到“中国梦”的战略高度，这是一个基本立足点。中国特色社会主义社会学的建设，既要充分汲取、继承和发扬老一辈社会学家留下的宝贵学术遗产和传统，又要广为借鉴和吸取国外发达国家社会学发展的有益经验和教训。民族要复兴，国家要富强，中国要走向世界，社会学如果不能提高它的战略地位，不发展，不繁荣，这是很难做到的。只有发展繁荣社会学，大力提高社会学学术水平，科学地、系统地把中国社会演变的特征、规律研究透彻，才能进一步推动中国的社会文明进步，才能更好地宣传中国的社会文明进步，让全世界听到中国声音。《关于改革学科建制和提升社会学地位的建议》提出以后，国务院学位委员会办公室多次召集有关方面专家研究论证，并当面听取我的意见。尽管某些原因使此项工作推迟下来，但国务院学位委员会办公室也从多方面加强了社会学学科建设。

四 主持编写《中国社会治理通论》和组织“百村社会治理调查”

2013年，党的十八届三中全会作出创新社会治理体制的重大战略部署，并将其作为推进国家治理体系和治理能力现代化的重要任务。在这种情况下，社会各界普遍感到亟须一本既具有较高理论性，又具有较强现实指导性的学习参考用书。而且，当前国内各高校和智库机构都关注社会治理问题研究，虽然也产出了不少理论和政策成果，但在社会治理学科建设推进方面还远远不够，全面系统而又自成知识体系的社会治理专业读物基本上没有。现有的一些社会管理或社会治理方面的论著和书籍，基本上是单一学科视角的，要么是社会学的，要么是公共管理学的，要么是应急管理的。这与社会治理专业的跨学科特质不相适应。社会治理学科的建设和发展迫切需要一本具有较高权威性、专业性、系统性的通论性读物。因此，我于2014年提出了编写《中国社会治理通论》的构想。

经过研究论证和准备，2016年4月，由我主持北京师范大学中国社会管理研究院智库决策咨询项目讨论会，正式将“中国社会治理通论”作为重大选题立项确定下来，成立了项目组，召开过多次讨论会议，决定编写《中国社会治理通论》教材。

编写这本书主要有五个方面的考虑。第一，这是贯彻习近平新时代中国特色社会主义思想的重要任务。习近平总书记指出，“教材体系上不去，学科体系就没有后劲”；他还指出，“社会治理是一门科学”。这些深刻论断和要求，为我们开展社会治理研究提供了方向性指引。建设世界一流大学、一流学科，加强学科建设必须编写好教材。因此，组织编写《中国社会治理通论》是我国社会治理学科建设的重要任务。第二，这是开展交叉学科建设的迫切需要。推进交叉学科创新，是国家提出的要求，也是北京师范大学作出的部署。2016年，北京师范大学中国社会管理研究院牵头开展交叉学科建设，启动“百村社会治理调查”，编写《中国社会治理通论》也是交叉学科建设的抓手。第三，这是培养高素质社会治理人才的重要举措。我们国家人才不足，社会治理人才更是匮乏，要培养高素质社会治理人才，需要科学理论和高质量教材。要培养出哲学社会科学有用之才，就必须要有好的教材。第四，这是服务我国社会治理理论和实践创新的重要途径。《中国社会治理通论》的编写，既要系统梳理和总结我国社会治理的经验成果，又要针对现实中的各种社会治理难题予以科学解答，提供理论指导和借鉴。第五，这是建设新型专业化社会治理智库的重要选择。要在激烈的智库竞争中，保持领先地位，彰显自身特色，必须打造一批构造智库话语权的拳头产品。《中国社会治理通论》的编写，扮演着这样一种重要角色，并将起到相应的作用。

这本书采用“通论”体例，是经过深入研究而决定的。所谓“通论”，指全部通达的议论，是关于某一学科的全面和整体性的论述。首先，社会治理是一个跨学科的前沿交叉领域，任何单一学科都不足以承载全部的知识体系。这就要求必须以跨学科视角，广泛汲取多学科营养和智慧。因此，所谓社会治理通论：首先，在学科上要“通”，要打通学科的界限和壁垒。其次，社会治理是人类社会文明演进过程中的智慧结晶。无论是我国古代传统社会，还是现代社会，或者是国外古今社会，都积累了丰富的社会治理经验和智慧。这就意味着，所谓通论，就是要打通古今中外社会治理的经脉。最后，社会治理是理论和实践的辩证统一体。不能简单地把社会治理看作一个实践问题，而应当看到理论的逻辑和潜力。由此，所谓通论，就是要在理论和实践之间贯通。2018年7月，已形成《中国社会治理通论》书稿。

为了引导社会治理智库研究和社会学教学更好地做到理论联系实际，做到“上连天线，下接地气”，我于2016年初提出开展全国“百村社会治理调查”，将其作为重大调研项目，我亲自担任主持人，组织研究团队，并多次主持研讨会，反复研究调查的任务、对象和方法。该项目作为北京师范大学国家高端智库建设的重要抓手，2017年被列入学校交叉学科创新总课题任务之一，目的是拿出有深度、有时代感、有应用性的科研成果，服务于党和国家决策，推进乡村振兴和创新乡村社会治理，助力学校交叉学科平台建设。2017年、2018年已进行30多个村落调查，产生了一批重要研究成果。

五　培养高层次人才

40年来，我在从政和治学的同时，始终十分关心和重视高层次人才的培养。1988年，我晋升为研究员之后，即在国家计委培训中心带领经济学硕士研究生做经济研究工作。自1995年起，我分别受聘于中国人民大学、国家信息中心、北京师范大学、国家行政学院、上海财经大学、中国国际经济交流中心，担任教授、博士生导师和博士后导师，积极致力于培养宏观经济管理、公共行政管理和社会治理的专业人才。尤其是自2011年起，我受北京师范大学党政领导的邀请回到母校进行创办智库工作，更着力培养社会治理领域的高层次人才。截至2018年9月，我先后培养博士研究生、博士后研究人员70多名，他们大多已成为我国宏观经济管理、公共行政管理和社会治理领域的学术带头人或实际工作部门和企业中的骨干。近几年，在北京师范大学汇聚了一批社会治理领域的专家学者。

我在培养人才过程中，注重体现“三个相统一”。一是做人、做事、做学问相统一，首先会做人，注重修炼道德和品行，也要会做事、做学问，做到本领高强，成才报国。二是知与行相统一，既掌握广博知识，又躬身笃行，做到理论与实践密切结合。三是守正与创新相统一，既要坚守科学理论精髓，坚定正确方向，又要与时俱进，实事求是，勇于创新。2013年11月，在为《中国改革与发展热点问题研究（2013）》一书写的序言中，我对学子们提出几点希望，集中表达了对培养高层次人才的寄语。转录于下：

——坚定理想，胸怀天下。“天下兴亡，匹夫有责。”希望你们秉持“先天下之忧而忧，后天下之乐而乐”的人生理念，胸怀祖国，心系百姓，始终把国家富强、民族振兴、人民幸福作为崇高使命，为全面建成小康社会，加快社会主义现代化进程，实现中华民族伟大复兴的中国梦而不懈奋斗。

——勤奋学习，善于思考。学习是成长进步的基础和阶梯。希望你们博览群书，做到“博学而笃志，切问而近思”，善于掌握和运用科学的新思想、新知识、新经验，努力提高战略思维、创新思维、辩证思维的能力，崇尚真理，积极探索。

——知行合一，睿智笃行。“口能言之，身能行之，国之宝也。”希望你们始终坚持言与行相统一，找准自身优势和国家发展的结合点，牢牢把握国情，注重调查研究，着力提高发现问题、研究问题、分析问题、解决问题的能力，勇于实践，敢于创新。

——自强不息，厚德载物。永不懈怠，追求高尚。希望你们勤勉敬业，锐意进取，砥砺前行，修身治学，以德为先，陶冶道德情操，锤炼品质意志，练就过硬本领，甘于奉献，创造一流业绩，成为国家栋梁之材，谱写精彩人生。

——团结友爱，相互帮助。真诚相待，无私相助。希望你们无论在何处，都铭记情谊，彼此尊重，同心合力，取长补短，携手奋进。

2015年3月，北京师范大学成立社会学院，我应邀担任社会学院首任院长。我深感培养社会建设和社会治理人才责任重大，因此更加关心学生们成长进步，努力为他们全面发展创造条件。2015年、2016年举行社会学院毕业典礼时，我都深情寄语，祝愿学子们将获得的学识奉献给社会，在浩瀚的社会海洋中扬帆远航；2017年、2018年在社会学院毕业典礼上，我分别以“做一个勇于担当的人”“做一个诚实守信的人”作主题寄语，祝福学子们勇敢地担负起新时代赋予的使命，秉持诚信精神，修德立业走天下。

肆

学术生涯的感悟和思考

斗转星移，岁月流逝。不经意间，我已到了人生暮年。回眸几十年走过的路，那些看见的、听到的、经历的往事，许多令人难忘的风风雨雨，花开花谢，潮起潮落，几度耕耘，几分收获，都历历在目，记忆犹新。如今扪心自问，无怨无悔，可以说仰不愧天，俯不怍人。回顾经历过的人生旅程，既有五彩缤纷的美好风景，也有苦辣酸甜的深切体味。生命在旅途中跋涉，价值在历程中实现。一路走来，殊为不易，也颇为欣慰，有许多感悟和思考。在此，仅就学术生涯来说，主要有以下几个方面。

一 紧跟时代，明辨方向

人类社会的时代，一般是指社会进入阶段性变化，经济、政治、文化、社会状态发生深刻变革的转型时期，它决定着和规定了社会未来发展的方向和趋势。时代会因社会转型而随之变化。我国古代先贤就认为："识时务者为俊杰，通机变者为英豪。"这里是讲，一个人要成就一番事业，需要认清时代潮流和发展趋势。孙中山先生留下千古名言："世界潮流，浩浩荡荡，顺之则昌，逆之则亡。"即是说，顺应人类社会发展时代潮流就能兴盛，违背时代潮流则会灭亡。这些告诉人们，无论是一个国家还是一个人，要想取得事业发展的成功，都必须审时度势，顺应时代潮流，遵循发展规律，选择正确方向。我认为，从事社会科学研究更应如此，做到观天下以洞谙世事，辨方向以审视是非。

在学术研究中，认清时代潮流，把握研究方向，是首要的和根本性的问题。这关乎学术研究成果有无价值和价值大小，能否有益于国家和人民事业发展。我一向无做英雄豪杰的念头，却对紧跟时代步伐治学研究深有体会。20世纪70年代末、80年代初，我迈步学术生涯的时候，正值我们国家开启改革开放和社会主义现代化建设的历史新时期，踏上建设中国特色社会主义的伟大征程。40年来，中国社会变革的根本方向是建设和发展中国特色社会主义，这是当代中国历史发展的时代潮流。实践证明，实行改革开放、发展中国特色社会主义是完全正确的抉择，这使中国人民大踏步赶上了世界发展的时代潮流，使神州大地发生了翻天覆地的变化，使中国经济社会发展取得了举世公认的巨大成就。服务推进改革开放，服务发展中国特色社会主义，是这一时期中国社会科学研究的根本方向，我国广大社会科学研究人员也作出了突出的贡献。这些年来，我之所以在许多改革和建设领域进行孜孜不倦的探索研究，并取得不少重要研究成果，原因固然是多方面的，但十分重要的，就是始终坚定把握学术研究的政治方向。

在当代中国，坚持社会科学学术研究的正确方向，不是可以轻易做到的，需要有坚定的政治立场、深厚的学识功底和明辨的思维能力。我体会到，最根本的，是要始终坚持学习和贯彻不断丰富发展的中国特色社会主义理论体系和党在社会主义初级阶段的基本路线。中国特色社会主义理论体系，是在坚持马克思主义的科学社会主义基本原理基础上，与中国的实际情况密切结合，并随着时代变化不断创新发展的理论体系，这是“老祖宗”没有丢又与时俱进“说新话”的科学理论体系。这个理论体系，由时代进步、实践发展而创立、升华，又指导实践不断创新发展，推动中国特色社会主义不断完善和发展。在这个理论指导下形成的社会主义初级阶段“一个中心，两个基本点”的基本路线，即以经济建设为中心，坚持四项基本原则，坚持改革开放，是国家的生命线、人民的幸福线，必须全面地、坚决地、一以贯之地贯彻执行，并使之有机地统一和贯穿于中国特色社会主义各项事业之中。在学术研究和履职中，关键是要防止“思想僵化”，同时要拒绝“全盘西化”，既要解放思想，大胆探索，勇于革故鼎新，又要警惕自由化和生搬别国模式。正确的理论路线总是同各种“左”的或右的错误倾向做斗争而形成、存在和发展，绝不能失之偏颇，也不能“左”右摇摆，任何时候都应保持头脑清醒，自觉地同动摇、偏离、否定中国特色社会主义理论体系和党的基本路线的思想政治倾向划清界限，并旗帜鲜明地加以抵制和反对。唯有牢牢把握好党的基本理论和基本路线，学术研究才不会迷失方向，也才能有所作为，创造有益于国家发展和社会进步的、理论价值和实践价值高的研究成果。这是我以往学术生涯乃至职业历程中最为重要的体会和启示。

坚持和发展中国特色社会主义，是我们党在改革开放40年中全部理论和实践的主题，也是实现社会主义现代化和中华民族伟大复兴的根本方向坐标。党的十八大之后，党和国家事业发生历史性变革，中国特色社会主义进入新时代，国家发展处于新的历史方位，创立了习近平新时代中国特色社会主义思想。在新时代新阶段，“坚持和发展什么样的中国特色社会主义，怎样坚持和发展中国特色社会主义”，是重大的历史性命题。当前已经面临、将来还会提出许多新的问题，仍然需要学术界认清新时代潮流，把握新时代特征，紧跟新时代步伐，坚守新时代正确的政治方向，不断深化研究，积极探索，及时总结和提炼升华，为新时代中国特色社会主义取得更大胜利提供学理支撑和智力支持。这是我矢志不渝的奋斗方向，也是确保学术之树挺拔长青的根基所在。

二 扎根国情，述学立论

“为天地立心，为生民立命，为往圣继绝学，为万世开太平。”这是我国自古以来贤者达人的志向和抱负。虽然本人自知学识疏浅，不可能至，然而心向往之，愿以此为毕生追求，为国家、为社会、为人民述学立论，多做贡献。当代中国，正经历着千百年来最为广泛而深刻的社会变革，也进行着人类社会历史上最为宏大而独特的实践创新，这给理论创造、学术创新提供了强大动力和广阔空间。积极为国家和人民述学立论、建言献策，是当代中国知识分子的光荣使命和历史担当。生活在这样的社会环境中是幸运的，是可以大有作为的。而要有所成就，需要从多方面作努力，至关重要的是，扎根国情、认清国情、把握国情，一切从中国国情出发。中国国情是学术研究和理论创造的根基沃土。诚然，无论革命、建设、改革还是全面实现现代化，都要注意学习和借鉴外国经验，但是照抄照搬国外经验和做法，不加区别地接收外来文化，是绝不能成功的。对一个党、一个国家来说，必须立足国情出思想、作决策、定规划、定政策。对一个人来说，要为国家为人民述学立论、建言献策，提出真知灼见和有价值的思想观点，也必须真切了解国情、立足国情，一切脱离国情的高谈阔论，都于事无补，甚至误国害民。

回首我的人生历程，值得庆幸的是，在步入学术生涯伊始，我们党基于当时的历史条件，突出强调从我国国情出发，走自己的道路，建设中国特色社会主义。因缘际会，我就用很大气力对中国国情作了全面、系统、深入的研究，并写出了一批研究国情特点和从国情出发进行社会主义现代化建设的理论文章。这些研究，不仅使我加深了对中国基本国情的全面认识，而且使我牢固树立了强烈的国情意识，时刻警醒自己，谈观点、想问题、出主意，起草文稿和撰写文章，都十分注意审视是否符合现实中国国情，力求做到“述古论今文无妄作，观天察地人不虚生”。因此，我多年在中南海为中央高层领导服务期间，发表的观点主张以及咨政建言，经常得到领导人“懂得国情，可靠管用”的肯定。这也得益于我一直十分重视国情世情及其变化的深入观察和研究。

我体会到，一个人追求宏大的志向和愿景，并能有所成就，既需要具有世界眼光和广阔胸怀，还需要具有强烈的国情意识和深厚的人文情怀。能否真切认清中国国情，自觉从中国国情出发研究和探讨问题，从根本上决定着学术研究、理论探索、决策咨询有无价值和成果质量及其转化应用程度。当然，对国情研究必须采取全面的观点、联系的观点、变化的观点，不能只见树木，不见森林，不能一叶障目，不见泰山，也不能用固定、孤立、一成不变的眼光看待问题。有些国情，如国土辽阔、人口众多、历史悠久、文化积淀等，是我国国情中恒定的特征；有些国情，如生产力发展、生产关系形态、经济基础和上层建筑领域等，则是不断变化的。对基本国情的把握，关键是认清社会发展阶段和历史方位，以及阶段性变化中的主要特点。改革开放初期，我们党基于当时中国生产力和生产关系的实际情况，作出了我国正处于并将长期处于社会主义初级阶段的论断。这个对国情的重大判断，是符合实际的，经得起实践检验的。随着改革发展进程的变化，我们党又适时地作出正确认识国家发展阶段性特征的重大判断，也是必要的、正确的。国家大、人口多、历史文化悠久，现在仍处于并将长期处于社会主义初级阶段，这些基本国情，是我们研究问题、思考问题、述学立言，进行理论创新和学术创新的基本立足点和客观依据，必须牢牢记住，不可违背。我们要在学术研究上有所建树，应当在认识国情、分析国情、把握国情上舍得花气力，下功夫。

三 独立思考，唯实求真

治学态度，决定着学术研究的成效。独立思考，唯实求真，是严谨、科学的治学态度。我向来信奉“不唯书，不唯上，不唯洋，只唯实”，尊重事实，崇尚科学，追求真理。只有忠于事实，才能忠于真理。我认为，书本上的东西，要多看、多学，但不能代替求实；上级指示要求，要多听、多记，但不能妨碍求真精神的发扬；国外的东西，要多了解、多研究，但不能生吞活剥。一切重要见解、观点、论述，都要注重弄清事实，独立地开动脑筋多思多想，作出自己的判断。多年来，我养成每事问、每事想，坚持用事实说话，敢于较“真”，绝不盲从、人云亦云，绝不跟风、随波逐流，绝不捕风捉影、道听途说。特别是事关国家发展方向的重大理论观点，坚持唯国运顿首、唯真理是从。我常说，述学立论、建言献策，必须以客观事实为依据，真正做到实事求是，经得起实践的检验和历史的检验。这既是对国家负责，对人民负责，也是对自己学术生命、政治生命负责。我生性直率、倔强，在实际工作中，凡是自己认为符合实际的，都敢于秉笔直书，也都敢于坦言直谏。一个人能力有大小，认知水平有高低，但察实情、讲真话，是最起码的做人做事的底线。在国务院研究室工作期间，有一次我向国务院主要领导汇报工作时说：“自己的知识和能力还不适应现在的工作要求，需要努力提高水平。”这位领导人说：“你能讲真话，敢于直言，这是你的长处，我身边就需要这样的人嘛！”这次谈话，使我深受教育和启迪，经常告诫自己，什么时候都要求实求真，绝不说假话、违心话，绝不做表面文章、故弄玄虚，也绝不随心所欲、信口开河。做学问，出主意，想办法，提建议，坚持有理有据，注重可能性和可行性，能够解决实际问题。

唯实求真的根本之道，在于调查研究。在治学和职业生涯中，我十分重视调查研究工作。尽管日常政务繁多，肩负担子沉重，但每遇到重大问题特别是领导需要作出重要决策的问题，我都亲自或组织力量作调查研究，深入实际，深入基层，深入群众，摸清实际情况，掌握第一手材料，听取多方面意见，力求全面、客观、准确地了解有关问题的真相及其原因，然后提出有针对性的意见和建议。搞好调查研究不仅需要从思想上重视，还需要掌握基础理论和方法。2004—2007年，我在国务院研究室任职期间，连续撰写多篇文章，阐述调查研究工作的特点、规律、做法，将感性认识升华到理性高度。主要文章有：《提高调查研究水平 做好决策咨询工作》（2004年9月）、《努力提高调查研究工作质量》（2005年7月）、《练好调查研究基本功》（2006年1月）、《调查研究要多出精品力作》（2006年9月）、《搞好调查研究贵在深入》（2007年9月）。这些文章是我做调查研究工作的亲身体验，也是唯实求真精神的升华。有的文章发表后，引起社会关注。有的中央部门转发作为干部必修读物，有的地方领导要求干部认真研读。我体会到，调查研究是一个求实、求是、求解的过程，是一项严谨、缜密、科学的活动。调查研究的理论和实践都很丰富，它既是求实求真的基本方法和途径，也是一个科学性和实践性很强的学科体系，是一门内涵极为丰富的交叉学科。所以，调查研究是治学之要，谋策之基，成事之道，学术研究特别是政策研究人员应当把搞好调查研究作为一门必修课和一项基本功。

应当说，在现实生活中，真正做到唯实求真很不容易，而敢于说实情、讲真话，反映真实情况，更不容易。这不仅需要树立科学严谨的治学态度，而且需要具备务实求真的智慧和勇气，更需要有服从和坚持真理的品格和胆量。

四　与时俱进，守正出新

时代是思想之母，实践是理论之源。世界每时每刻都在发生变化，中国也每时每刻都在发生变化，必须善于聆听时代的声音，勇于坚持真理、修正错误、推陈出新，不断推动理论创新、学术创新。创新，是一个国家、一个民族进步的灵魂，也是一个人成功治学、成就事业的灵魂。我体会到，学术研究的本质特征在于创新。顾名思义，“学”，就是由不知到知，由知之不多到知之甚多，不断有新的发现、新的发明；“术”，就是应用知识和技能，创造新价值新事物。创新，也是决策咨询研究的基本要求。只有勇于创新，才能不断有所发现，有所发明，有所创造，也才能适应新形势，解决新问题，善待新事物。1999年，国务院总理朱镕基在看望国务院研究室人员时说，“我最希望的，是你们起草的文稿中有新思想、新见解、新材料”，“希望你们帮我收集各方面的新信息，用新的思想、新的观点来研究新的情况和新的问题”。朱镕基总理的这次谈话，给予我极大的教育和触动，我一直铭记在心，努力在研究问题和服务决策中都注重创新，务求创新。

我认为，社会科学领域的学术创新、理论创新，一个十分重要的问题是，要处理好继承和创新的关系，做到守正出新。始终坚守正道，坚守真理。守正，就是坚守科学理论的基本原理、精髓，坚守中华优秀传统文化，坚守被实践证明有益于社会进步和人民福祉的文明成果。例如：对于马克思列宁主义、毛泽东思想和中国特色社会主义理论体系的基本原理，必须在坚守中丰富和发展；对于中华民族几千年凝聚和传承的传统美德和优秀文化，必须在坚守中发扬光大；对于新中国成立特别是改革开放以来创立的基本制度、体制创新成果，必须在坚守中完善和健全。同时，注意积极研究借鉴和吸收人类社会一切有益的文明成果。守正出新，是继承与创新的统一、守正与出新的统一，绝不能搞历史虚无主义、全盘否定、推倒重建。坚守而不僵化，借鉴但不照搬，注重古为今用，洋为中用。这是推进创新发展的科学态度和科学精神。

学术研究中的与时俱进，守正创新，其根本要义在于解放思想，实事求是，革除因循守旧的观念，破除迷信权威的意识，克服懒惰懈怠的情绪，使思想主动适应客观世界的变化，符合科学发展的规律，开动脑筋研究问题，创新思维解决问题。要做到这一点，就需要增强创新的欲望，树立创新的意识，富有创新的精神，激发创新的热情，提高创新的本领，坚持学习和运用新的科学思想、新的科学知识、新的科学技能，研究新情况，探索新思路。这样，才能多提供创新性、有价值的研究成果，提高学术研究的质量和水平。

五 博览群书，厚积薄发

在学生时代，我就熟知一副劝学重行的格言对联："书到用时方恨少，事非经过不知难"；也熟悉苏东坡一首七言律诗中勉励多读书的诗句："粗缯大布裹生涯，腹有诗书气自华"。那时，只是从字面上理解多读书的可贵。经过几十年来学术生涯特别是职业生涯的洗礼，我更加深信这些名言名句的哲理性。由于多种因素，自己以往读书不多，知识面较窄，这与我以后在多个重要岗位履职，特别是长期服务高层领导所需要的知识领域和知识结构不相适应。我的职业中需要多学科、多领域、多层次的知识，需要古今中外、内政外交等广博知识，加之当今世界是"知识爆炸时代"，新理论、新领域、新知识层出不穷，令人目不暇接。因此，我经常会有"知识恐慌"和"本领恐慌"的感觉。为了适应工作的需要，必须勤于学、苦于学、敏于学。既要掌握经济学领域知识，又要掌握社会学、公共管理学领域的知识，还要掌握新兴学科、交叉学科和其他学科领域的知识；既要掌握相关学科基础理论，又要掌握相应学科应用理论；既要掌握多领域理论、学术知识，又要掌握多方面专业、技能知识；既要做好许多知识储备，又要具备应急知识。"资之深，则取之左右逢其源。"（《孟子·离娄》）所以，我多年来总是处于学习的"强行军""急行军"状态，往往是天天读、时时读、处处读，学中干、干中学，边学边用，努力做到"博观而约取，厚积而薄发"，博学多识，汇萃撷精，以备不时之需。在学习中，我不仅重视多读有字之书，还注意多读无字之书，信奉“三人行必有我师”的古训、“三个臭皮匠顶个诸葛亮”的俗语，做到不耻下问。特别重视向专家学习，向同行学习，向团队学习，不分年纪长幼，也不论职务高低，多听、善纳群言。通过坚持读书学习，增长见识，拓宽胸襟，开阔思路，更新知识，提升本领，实现学术和事业同进步。

我在实践中体会到，书籍是人成长的阶梯。读书、学习是学术创新、成长进步的必要途径，也是履职尽责、成就事业的重要基础。人的一生有多种进步，在进步阶梯中，读书学习发挥着最基础、最潜在、最持续的作用。读书学习的态度，决定着学业的程度、事业的高度。我还体会到，读书、学习贵在思考。诚如古人所说：“学而不思则罔，思而不学则殆。”要善于思考，勤于学习，坚持在学习中思考，在思考中学习，做读书、学习、思考的有心人。生命的意义在于勤奋学习、执着探索尚未知晓的东西。学无止境，学贵有恒，我决心活到老、学到老、探索到老。

六　忙里偷闲，笔耕不辍

我喜爱“天道酬勤”“春华秋实”“一分耕耘一分收获”这些励志励学的格言，并题字张贴在家中书屋，努力践行之。一个人要取得学术进步和事业成功，天资、机遇固然是重要的，但执着爱好和勤奋追求尤为重要。本人天资并不聪颖，学识不深，但相信天才在于勤奋，聪明在于积累。鲁迅先生有句名言："哪里有天才，我是把别人喝咖啡的时间都用在写作上了。"这句名言也一直激励和鞭策着我。40年来，我一直奋斗在重要的实务工作岗位上。从国家计委到中央财经领导小组办公室，再到国务院研究室，我都是处于公务工作极度繁忙、紧张的状态，到了国家行政学院也忙于大量公务。在每个工作岗位上，我都坚持把工作当作事业，忠于职守，尽责尽力，全身心投入，对每一项公务工作、每篇重要文稿起草，都一丝不苟、精益求精，从不懈怠、敷衍。为了完成本职任务，"白加黑""五加二"，加班加点工作成为常态。就是在这样的繁重公务情境下，我也总是忙里偷闲，利用一切可以利用的时间，思考学术问题、理论问题，坚持写作。经常有同事发问："你那么忙，哪儿来的时间写这么多文章？"我如实回答："挤。"时间对每个人都是公平的，只是我们要善于利用它。本人平生无其他爱好，只养成了无时不学、无时不思、无时不写的习惯。写作的过程，是学习的过程，也是思考的过程，更是提升的过程。长期以来，研究问题和笔耕是我的最大爱好。

从已发表的文章和著作看，我的学术研究和写作，与我的职业特点和工作性质密切相关。从到国家计委工作起直至国家行政学院，主要是从事政策研究、决策咨询研究和重要文稿起草工作。实务工作需要加强理论研究、学术研究，为做好实务工作提供理论、学术支撑；理论研究、学术研究成果运用到实务工作，又有助于提高政策研究、决策咨询研究和重要文稿起草工作质量与水平。多年来，我一直注意把学术研究和写作同做好本职工作巧妙地、恰当地联系起来。把工作中遇到的重点和难点问题，作为深入研究和组织攻关的研究课题，又把研究成果及时转化为决策咨询建议或吸纳进重要文稿起草之中。同时，注重学术研究、理论研究紧紧围绕党和政府决策需求，开展战略性、前瞻性、储备性研究，研究成果着眼于服务决策咨询和政策制定。这些年所撰写的文章，也多是论述、阐释党和国家的理论创新、政策创新、实践创新。实践表明，把握好学术研究、理论研究写作与本职工作的关系，可以使二者相得益彰、相互促进。当然，如果把握不好，就可能顾此失彼，甚至会影响事业发展，这是必须极力避免的。

七　修身治学，立德为先

古人云："欲成事，先成人。"我国先贤哲人十分注重修身。《左传》中云："太上有立德，其次有立功，其次有立言，虽久不废，此之谓三不朽。"这是把立德、修身作为最高境界和首要标准。自古以来，历代有志之士都把"修身齐家治国平天下"作为人生信条，把"正心修身"放在首位。也就是说，修身、正己、立德是做人处世、为官理政的根本。在现代社会中，加强自我修养，陶冶道德情操，同样是全面提高自身素质的首要任务。我虽没有"治国平天下"的宏图大志，也缺少应有的才智本领，却有精诚报效国家、服务人民的志向和心愿。著名科学家爱因斯坦说过："第一流人物对于时代和历史进程的意义，在其道德品质方面，也许比单纯的才智成就方面还要大，即使是后者，它们取决于品格的程度，也远超过通常所认为的那样。”他突出强调道德品格的修养高于才智成就。这也给予我自己修身治学从业以深刻启迪。几十年来，无论是处世、从业还是治学，我都努力以中国古代先贤和历史传统中知识分子尊崇的信条自律，努力践行我们党对干部“以德为先、德才兼备”的要求，把立德做人放在首位，力求做人、处世、治学相统一。

在长期的实践中，我体会到，修身治学，立德为先，就要着力做到四个方面。一是树立远大的理想信念、科学的理论信仰、正确的价值观。注重把握学术研究的方向，分辨是非曲直，忠于国家和人民的事业，为国家繁荣富强、人民生活美好述学立言。要把人生的价值与国家和人民的利益紧密结合起来。一个人只有将其才华和能力服务于国家发展和人民事业，才能真正实现人生的最大价值。二是陶冶道德情操，锤炼品格意志，善养浩然之气。在我家中书房墙壁上，悬挂着条幅“海纳百川有容乃大，壁立千仞无欲则刚”，作为修身立人的信条以自勉。追求高尚的精神境界，胸襟开阔，谦虚谨慎，宽厚待人，公道正派，光明磊落，刚直不阿，严守法度。常常以“人品高于文品，声誉长于生命”自省、自警、自励，珍重自己的人格，珍爱自己的声誉，珍惜自己的形象，不妄作文，不信口开河，不当“墙头草”，不随波逐流，耐得住寂寞，守得住正道，注意与社会上的浮躁之风、喧嚣之气保持距离。三是甘于奉献，不计得失，不辞劳苦。淡泊名利，不为名利所累，不为物欲所惑。

追求卓越，“人一之，我十之，人十之，我百之”，不畏艰难，不辞辛苦，敢于攻坚克难。乐于为公助人，可以“放下身段”，为机构学术进步和育人事业“屈尊”求助。四是坚守学术道德，遵循治学规范，提携后学，注重言传身教，不揽功诿过。凡是以我的名义立项课题、发表文章，都认真负责地带头研究，决不挂虚名；凡是我没有实际参与研究和撰写的研究成果，决不署名取利。近些年来，时常有些人员提出以我的名义争取立项课题或署名写好的文章，都被我严词拒绝，时刻记住做人的原则和正气，靠素质立身，靠勤奋兴业，靠品德做人。

前些年，我由国务院研究室主任转到国家行政学院任职，之后又受聘北京师范大学创办社会治理智库、教书育人，既有感佩赞许之人，也有人不大理解，但我毫不介意。我认为，只要有利于国家和人民事业，就应该躬身力行，放下架子。在每个工作单位，都应忠于职守，全力以赴。退休几年来，心甘情愿地在多个智库当“志愿者”“义务工”，决心如同唐朝诗人李商隐《无题》诗中所言：“春蚕到死丝方尽，蜡炬成灰泪始干。”为了国家和人民的事业，生命不息，奋斗不止，鞠躬尽瘁，死而后已！

我不仅自己重德修身，而且在履职育人工作中，也十分注重德教。2010年，我到国家行政学院工作不久，就提出“立德立行 求实求新”，把“立德”放在首位，且这八个字作为院风的核心要求，被写进国务院颁发的《国务院关于加强和改进新形势下国家行政学院工作的若干意见》（国发〔2009〕43号）这个重要文件之中。2011年，我受聘主持北京师范大学中国社会管理研究院智库建设，在遵守北京师范大学的“学为人师，行为世范”校训的基础上，提出将“厚德、唯实、创新、卓越”作为院训，也把“厚德”放在首位。这些做法，得到党和国家领导人的肯定，受到社会各界的赞许。

总之，正心修身，崇德治学，坚守正道，学术实业俱进，人生成功之路就会别有洞天！这是我的学术生涯乃至职业生涯的最大感悟和启示。

1998年10月，魏礼群与夫人周贵芹在北京家中。

附录

附录一 文章

调查研究要多出精品力作

魏礼群

重视和坚持调查研究，是辩证唯物主义和历史唯物主义世界观、方法论的必然要求，是我党的一项基本工作方法和领导制度，也是我们政府研究部门全面履行职责的基本功和生命线。做好调查研究工作，不仅要多出成果，更要努力提高调研质量，多出优秀成果，多出一流成果。政府研究部门的调研工作是直接为政府领导决策和重要文稿起草服务的。调研成果的质量高低，直接关系党的路线方针政策的贯彻执行，关系经济社会发展任务和人民群众切身利益的实现，关系政府的工作大局，可谓责任重大、使命光荣。这就要求我们必须具有高度的责任感，无论对什么问题进行研究，特别是一些重大调研课题，都要坚持高标准、高质量、高要求，深入调查，精心研究，努力创造精品力作。

一般来说，一篇调研文章只要做到观点鲜明、思路清晰，内容翔实、重点突出，论证有力、分析透彻，见解新颖、思想深刻，文字准确、语言流畅，就应属于上乘之作。但从政府研究部门的调研特点看，仅此是不够的，还必须满足政策性、针对性、应用性和操作性等方面的要求。“文可载道，以用为贵。”衡量政府研究部门调研成果质量的高低，归根结底是要看这些成果有无使用价值，能否进入决策环节，变成政策，以及在实际工作中发挥多大作用、解决多少问题。一项调研，无论功夫下得多深、文章写得多好，做不到“语当其时，策当其用”，无助于领导决策和实际工作，就很难称之为精品力作。当然，也确有一些调研建议，因种种问题没能引起重视、付诸应用，但以后的实践证明是正确的甚至很有见地，这样的文章往往富有先见之明，自然仍不失为优秀成果。其实，调研精品并无明确而统一的判定标准，表现形式也多种多样。有的妙在选题，有的贵在见解；有的“小题大做”而分析深透，有的“大题小做”却要害清晰；有的注重直接调研、深入实际、情况真实可靠；有的借重间接调研、浏览广泛、资料全面系统；有的洋洋万言、体大思精、茹古涵今，堪称集大成之作，有的短小精悍、言简意赅、对症下药，却为实用之良方。凡此种种，不一而足。如果一定要寻求调研精品的共同特征，最根本的就是要有所发现、有所创新，能提供别人想知而未知甚至出人意料的新问题、新情况、新观点和新对策，从而给人以深刻启迪和重要参考。有人说过，在通往真理的大道上，每向前迈进一步的价值，比在前人已开辟道路上重复千百步的价值还要高出千百倍。这一说法不无道理，也同样适用于调研工作。此外，调研精品还必须经得起实践检验和历史考验，既要适合应用，又能开花结果；不仅有较高的即时实践价值，从未来看也要站得住、立得稳、走得远。

观念先于行，万事端于思。如同搞好企业生产经营必须树立质量意识、品牌意识一样，做好调查研究，多出精品力作，首先要树立强烈的精品意识。或者说，要追求精品、打造精品，必先崇尚精品。事实上，同为一篇文章或研究成果，良莠殊异，价值悬殊，或有霄壤之别。比如：马克思、恩格斯的《共产党宣言》，虽篇幅仅为一万多字，却揭示了人类社会发展的客观规律，为全世界无产者指明了前进方向；爱因斯坦提出的相对论，也不过是由几篇论文组成，却奠定了现代物理学的重要基础，开辟出人类社会物质文明的崭新时代。这样的振聋发聩之作，无疑具有造福人类、推动历史的巨大力量。与此相反，无论古今中外，总有一些粗制滥造的文章或所谓研究成果，不仅了无新意、几无价值，甚至还会混淆社会视听，造成信息混乱和判断困难。伟大的精品可以功在当代、利在千秋，而许多庸文劣作不仅有害无益，还会浪费纸张、污染耳目。追求精品既是一种意识，更是一种责任。我国明清之际的杰出思想家、史学家顾炎武，为完成《日知录》这部传世精品，以“经世致用、资政育人”为追求目标，四十年如一日，埋头于汗牛充栋的史料之中披沙拣金、孜孜钻研，在完稿之后还“存之箧中”，不肯轻易示人，“以待后之君子斟酌去取”。这种对待著述精益求精、慎之又慎和高度负责的治学态度，是何等可贵！我们的调研工作，虽然不能与经典作家、科学巨匠们相提并论，但却不能不向他们追求完美、打造杰作的严谨态度和精品意识看齐。在我们的调查研究中，只有强化责任意识、精品意识，树立“为天地立心、为国家立策、为民众立言”的崇高追求，努力做到“调查不深不言停、研究不透不收兵、文章不精不放行”，才能打造出无愧于时代的精品力作。

精品是艰苦劳动的结果，靠汗水浇灌，由心血凝成。

马克思为写作《资本论》这部鸿篇巨制，在长达25年的时间里，几乎每天都到大英博物馆废寝忘食地查阅资料，阅读的各种图书和文献超过1500种，以致在他座位下面的水泥地上留下了两道深深的脚印，这也为无产阶级和全人类留下了最宝贵的财富。“十年磨一剑”是我国古人打造精品的形象写照。他们为了创造传世佳作，往往呕心沥血、默默钻研，不惜历经千辛万苦，甚至穷其毕生精力。王充《论衡》用时31年，班固《汉书》用时28 年，许慎《说文解字》用时21年，陈寿《三国志》用时23年，李时珍《本草纲目》用时30年，司马迁终其一生写《史记》。而宋代的郑樵为了完成名著《通志》，竟然谢绝人事，隐居山林，结茅苦读30年。这样的事例还可以举出很多。基于工作性质和基本职能的要求，政府研究部门的调查研究没有必要，也不可能做到“十年磨一剑”，但这种追求真理的态度、吃苦耐劳的精神和坚忍不拔的毅力，于我们的工作却是断不可少的。提高调研质量，打造调研精品，无疑需要作出方方面面的努力，既要提高综合素质，也要增强调研能力，但归根结底要靠勤奋工作、埋头苦干。一言以蔽之，精品佳作是精心调研的产物。这里，我想就调查研究怎样才能出精品力作，谈几点看法。

——精心选题。“好题一半成”，选好题目是打造精品的首要环节。如同企业生产必须符合市场需求一样，政府研究部门的调研选题也必须贴近中心任务、围绕决策需要。我们的调研只有忙在点子上、谋在关键处，才能富有成效。如果选题脱离中心任务，远离决策需要，其调研质量必然大打折扣。总的来说，政府研究部门的调查研究，要围绕中心工作，服务领导决策，紧紧抓住当务之急、当务之重，着重研究解决改革、发展、稳定中的突出问题，事关经济社会发展全局性、战略性的重大问题，以及人民群众关心的热点、难点和重点问题。

——精心调查。深入调查是发现问题和解决问题的重要途径，要拿出情况真实、见解独到的调研精品，就必须深入实际，精心调查。一要全面系统，做到脚勤、眼勤、口勤、手勤、脑勤，多层次、多方位、多渠道地了解情况。二要深刻准确，应本着求深、求细、求准的原则，深入问题的所在地和矛盾的症结处，努力溯本求源，真正掌握第一手材料，深刻了解现实生活的本来面目。三要密切联系群众，应深入了解群众的意见，倾听群众的呼声，感受群众的疾苦，总结群众的经验，集中群众的智慧。只有这样的调查，才能听到实话、察到实情、获得真知、收到实效，为多出精品打下基础。

——精心研究。调研工作是一项根植于实践基础上的创造性思维活动，要打造精品，就必须在深入调查的基础上，认真思考，精心研究。具体地说，就是要综合运用归纳与演绎、分析与综合、具体与抽象，以及比较、分类、统计、想象等手段，对调查中掌握的材料进行去粗取精、去伪存真、由此及彼、由表及里的深入思考和推理，透过现象把握本质，找出规律性和普遍性的东西，找到解决问题的有效办法。精心研究，重在深刻，贵在创新。古今中外，大凡精品之作，都必为创新之作。因此，要敢于想别人之未想，善于谋别人之未谋，大胆提出新观点、新思路。

——精心撰写。调研报告是调研成果的最终载体，撰写好调研报告是提高调研质量的关键环节。调查再深入，研究再精心，如果调研报告写得不好，仍然达不到预期目的，拿不出精品成果。这里，应注意以下三点。一是做好内容和形式的总体把握。从内容上讲，观点要鲜明，重点要突出，事实要准确，论证要有力；从形式上讲，结构要严谨，条理要分明，布局要合理，要善于画龙点睛。二是表现形式要多样化。调研报告的表现形式应由内容决定，并随着内容的不同而变化，切忌公式化和千人一面，要不拘一格、丰富多彩。三是文字表达要准确生动。写调研文章既不应过多雕饰，更不应追求深奥，当然也不能过于平淡或官话套话连篇，而要准确、鲜明、生动、朴实。

——精心修改。文不厌改，反复修改的过程实质上就是思路不断清晰、分析不断深入、认识不断升华和对策不断完善的过程，也是文字精雕细刻而臻于完美的过程。要想打造精品，千万不要急于出手，而要不厌其烦地加以修改。观点应仔细推敲，条理应认真梳理，文字应恰当取舍。“删繁就简三秋树，领异标新二月花。”要竭力将一些赘言套话删掉，努力做到“丰而不余一言，约而不失一辞”，使文章主题和新观点、新思想更加突出、更加吸引人。

时势造英雄，沃土结硕果。我们正处在一个伟大的时代，波澜壮阔的改革开放大潮，飞快发展的现代化建设大业，为调查研究工作提供了极好的舞台和机遇。只要我们勇于创新，精心调研，就一定能打造出更多的精品力作。

（本文是魏礼群为《国务院研究室优秀研究成果选》一书所写的前言，中国言实出版社，2006年9月第1版）

附录二　主要著作

1.《我国国情与经济社会发展战略》（合著）（红旗出版社，1982年10月版）

2.《计划体制改革问题论争：1979—1983》（合著）（光明日报出版社，1984年12月版）

3.《论我国社会经济发展战略》（合著）（中国计划出版社，1988年8月版）

4.《中国经济发展与改革》（独著）（中国财政经济出版社，1990年12月版）

5.《建设有中国特色社会主义经济》（独著）（中国经济出版社，1999年1月版）

6.《科学发展观和现代化建设》（独著）（人民出版社，2005年5月版）

7.《魏礼群自选集》（独著）（学习出版社，2008年12月版）

8.《走科学发展之路——魏礼群谈经济》（独著）（中国友谊出版公司，2010年3月版）

9.《魏礼群经济文选》（独著）（中国时代经济出版社，2011年1月版）

10.《社会建设与社会管理》（独著）（人民出版社，2011年10月版）

11.《建设国际一流行政学院——思考与实践》（独著）（国家行政学院出版社，2012年5月版）

12.《行政体制改革论》（独著）（人民出版社，2013年7月版）

13.《建设智库之路》（独著）（人民出版社，2014年8月第1版）

14.《由经济大国到经济强国的发展战略》（独著）（中国言实出版社，2014年8月版）

15.《回眸——在国家行政学院》（上、中、下卷）（独著）（国家行政学院出版社，2014年9月版）

16.《全面建设世界旅游强国》（独著）（中国言实出版社，2015年12月版）

17.《大力发展旅游业 推进旅游强国建设——学习中共中央“十三五”规划建议的体会》（独著）（中国言实出版社，2016年4月版）

18.《改革论集》（独著）（人民出版社，2016年9月版）

19.《序言集》（独著）（中国言实出版社，2016年11月版）

20.《改革开放耕耘录》（独著）（中国言实出版社，2018年1月版）

21.《情系西部——魏礼群公益文集》（独著）（国家行政学院出版社，2018年8月版）

附录三　主要编著

1.《走向新世纪的伟大纲领——学习<中共中央关于制定国民经济和社会发展十年规划和“八五”计划的建议>》（中国财政经济出版社，1991年1月版）

2.《全国计划部门普法辅导讲话》（中国经济出版社，1992年版）

3.《社会主义市场经济与计划模式改革》（中国计划出版社，1994年版）

4.《国外市场经济的宏观调控模式与借鉴》（中国计划出版社，1994年3月版）

5.《市场经济中的中央与地方经济关系》（中国经济出版社，1994年9月版）

6.《加快转变经济增长方式》（中国计划出版社，1995年10月版）

7.《中国市场经济建设全书②》（第三卷：宏观调控；第四卷：国有资产）（山西人民出版社，1996年1月版）

8.《中国社会全面发展战略研究报告（1996—2010年）》（辽宁人民出版社，1996年8月版）

9.《学习邓小平经济理论二十讲》（人民出版社、中共中央党校出版社，1997年5月版）

10.《国务院部委领导论中国加入WTO：机遇・挑战・对策》（中国言实出版社，2002年5月版）

11.《省区市领导和企业家论中国加入WTO：机遇・挑

战·对策》（中国言实出版社，2002年11月版）

12.《政策研究与决策咨询——国务院研究室调研成果选》（中国言实出版社，2003年版）

13.《整顿和规范市场经济秩序研究》（中国言实出版社，2003年2月版）

14.《渤海海峡跨海通道研究》（中国计划出版社，2003年11月版）

15.《新时期调查研究工作全书》（人民出版社，2006年1月版）

16.《中国农民工调研报告》（中国言实出版社，2006年4月第1版）

17.《国务院研究室优秀研究成果选》（中国言实出版社，2006年9月版）

18.《全面落实科学发展观研究报告》（中国言实出版社，2006年12月版）

19.《改革开放三十年见证与回顾》（中国言实出版社，2008年10月版）

20.《回顾与前瞻：中国行政管理体制改革30年》（中国言实出版社，2008年12月版）

21.《中国经济体制改革30年回顾与展望》（人民出版社，2008年12月版）

22.《政府管理：改革创新与发展——〈国家行政学院学报〉创刊10周年精品文集（二）学者论坛》（国家行政学院出版社，2009年版）

23.《深化行政管理体制改革：全国行政学院系统获奖

论文选》（国家行政学院出版社，2009年9月版）

24.《转变政府职能 推进行政管理创新——国家行政学院国家课题研究成果选编》（国家行政学院出版社，2009年9月版）

25.《新中国：行政管理体制60年》（国家行政学院出版社，2009年12月版）

26.《国家行政学院决策咨询成果选（2009年）》（国家行政学院出版社，2010年9月版）

27.《科学发展与行政改革》（国家行政学院出版社，2010年9月版）

28.《中国应急管理报告2010》（红旗出版社，2011年1月版）

29.《社会管理创新案例选编》（上、中、下册）（人民出版社，2011年8月版）

30.《加强和创新社会管理讲座》（学习出版社，2011年8月版）

31.《应急管理国际研讨会论文集（2010）》（国家行政学院出版社，2011年10月版）

32.《转变发展方式与行政体制改革》（国家行政学院出版社，2011年11月版）

33.《新形势下加强和创新社会管理研究》（国家行政学院出版社，2011年12月版）

34.《中国行政体制改革的回顾与前瞻》（国家行政学院出版社，2012年10月版）

35.《社会体制改革与科学发展》（北京师范大学出版

社，2012年12月版）

36.《服务型政府建设与绩效评估制度研究——2012年国际行政院校联合会亚太区域会议论文集》（国家行政学院出版社，2013年8月版）

37.《加快构建中国特色社会主义社会体制》（北京师范大学出版社，2013年11月版）

38.《中国改革与发展热点问题研究》（时事出版社，2013年12月版）

39.“新时代创新社会治理研究”丛书（云南出版集团公司、云南教育出版社，2014年6月版）

40.《创新政府治理 深化行政改革》（上、下册）（国家行政学院出版社，2015年1月版）

41.《“四个全面”新布局 新境界》（人民出版社，2015年3月版）

42.《〈千字文〉国学启蒙亲子读本》（上、下册）（中国矿业大学出版社，2015年7月版）

43.《创新社会治理 建设法治社会》（红旗出版社，2015年12月版）

44.《中国应急救援读本》（国家行政学院出版社，2016年6月版）

45.《建设服务型政府》（广东经济出版社，2017年9月第1版）

46.《当代中国社会大事典（1978—2015）》（全四卷）（商务印书馆、华文出版社，2017年12月第1版）

后 记

这本学术自传，是为纪念改革开放40周年，我被评选为“改革开放进程中的中国经济学家”后，应邀撰写的。

撰写这本学术自传，力求体现三个原则。第一，注重学术活动。本书只涉及一些与学术研究相关的理论研究、政策研究和文稿起草工作，与学术活动无关联或联系不紧密的公务活动不作记述。第二，坚持实事求是。客观真实记述在改革开放40年中的学术活动，尊重历史事实，各种学术思想、观点、论述和事件、人物等都忠于原貌，真实记录。第三，突出学术重点。由于本人工作的性质和岗位的要求，学术研究涉及多学科、多领域、多方面，涉及的活动、事件和人员也较多，此书只记述若干重点学术活动以及主要事件和人物。

在撰写过程中，陈鹏、王宏新同志帮助收集、汇总相关材料，杨克勤、樊秀萍、任珑、戴桂英、李建军、鹿生伟、姜秀谦、胡庆平、赵秋雁、李放、付甜等同志帮助校改，都付出了辛劳。在此，一并致以诚挚谢忱。

魏礼群

2018年8月